子どもとつむぐものがたり

プレイセラピーの現場から

小嶋リベカ

日本キリスト教団出版局

もくじ

装丁・松本七重
挿画・望月麻生

はじめに　プレイセラピーという仕事と私

原点となる出来事

私の父が亡くなったのは、私が高校生のときでした。父の入院中、病棟の一人の看護師さんが私たち家族のことを気遣ってくれました。その看護師さんは、父の容態を丁寧に説明してくれただけでなく、私たち家族にもこまやかに声をかけてくれました。私には、そのときの看護師さんの、患者の家族に温かく寄り添う姿勢が深く印象に残りました。

その後、私は社会福祉に関心をもって大学に進み、留学生としてアメリカに渡りました。その留学時に、ダギーセンターという、大切な人を失った子どもや家族への支援（グリーフサポート）をする施設で、「自分自身の喪失体験を見つめる研修」を受けました。この研修は、私にとって、これまで向き合うことを避け、語ってこなかった、父との死別に関わる混沌とした気持ちを、初めて率直に語る機会となりました。その後、自分の内に少しずつ変化がありました。死んだ父を悼む気持ちに変わりはないのですが、その悼む気持ちのありようが、とがったものから、徐々にしなやかになってきたような気がします。研修の後にダギーセンターで実習をしたのですが、そのスタッフから次のような言葉をかけてもらいました。「人は自分の悼みを自分自身の一部と認め続けているならば、人をサポートするエネルギーに変容し続けられる」。この言葉は、今でも胸に刻んでいます。

留学後、そのダギーセンターの活動をモデルにして、日本でもグリーフサポートグループを立ち上げることになり、私もその一員に加えてもらいました。グリーフサポートグループに来る子どもと接するなかで、子どもが「遊び」を通して表現するあらゆるチカラに驚かされ、関心をもつようになりました。そして、その背後にある理論をきちんと学びたいと考えるようになり、イギリスに留学し、プレイセラピーを学んだのです。そして帰国して今日まで、グリーフサポートグループの活動を継続しつつ、学校や病院など様々な場で子どもやその家族の心のサポートをする仕事に関わっています。

この仕事を続ける原点は父の死です。起きなければよかったのにと思う出来事、あまり思い出したくない事実が、向き合えた時点から私の歩みの原動力となったと言えます。

プレイセラピーとは？

プレイセラピーは、子どもにとってもっとも身近な表現方法である遊び（プレイ）を通して、モヤモヤとした思いに向き合い、現実との折り合いをつけていく心理療法の一つと言えます。そこでは、トレーニングを受けたセラピストが寄り添って、子どもが安心して遊べる安全な環境を整え、子どもは自分の気持ちや考えを表現・行動しながら、セラピストと一緒に気持ちの探究をします。その際に、私が心がけることが三つあります。まず、子どもがそのモヤモヤと向き合うタイミングは適当か、さらに、現状で抱えられる大きさはどれぐらいか、そして、抱え方の選択に無理はないか、ということです。それは一つだけの正解があるわけではなく、子どもによって、向き合い方や抱え方は異なります。セラピーでは、その子どもにとって、安心して表現できる遊びを通じて、モヤモヤと向き合うプロセスを共にします。日本ではプレイセラピーは遊戯療法と訳されており、欧米ではすでに多くの病院・福祉・教育の現場で実践されています。

様々な喪失を経験している子どもと共に

喪失体験は死別だけを指すように考えられることが少なくないのですが、実際、私たちは、日常生活の変化の中で様々な喪失を経験しています。

現在私は、病院の緩和医療科で子育て中のがん患者さんやその子どもをサポートする仕事をしています。そこで出会う患者さんは、入院や身体機能の変化により、親としての役割の喪失を感じていることがあります。他方、子どもは、親の不在や日常生活の変化により、それまで当たり前にあった安心感の喪失を重ねていることがあります。

　病院で勤める以前は、病気や事故などによって死別体験をした子どもたちが集まるグリーフサポートグループに関わってきましたが、現在の病院で、患者さんの子どもと接するようになったことを通して、これまでグリーフサポートグループで出会ってきたがんで親を失った子どもたちが、グループに来る以前、どのような日々の喪失を重ねてきたかを想像できるように、私自身が変えられました。また、そうした人生における一大事を、予期せず経験する子どもたちと出会うことによって、あらゆることを抱える力が、どのような厳しい状況にあっても子どもには備わっていることに気づかされ、子どもの生きるチカラを確信するようになりました。

　生きるチカラを発揮するために何が大事なのだろうと考えたとき、子どもたちから教えられたことは、親が、または親に代わる周囲の誰かが、自分を大切にしてくれていると感じられる経験ではないかと思います。私が病院の仕事で心がけていることは、親子が互いに愛情を表現できる機会をもてるようにすることです。また、医療者を含めた周囲の大人が、子どもの様子を見守りながら、必要なタイミングで子どもが過剰な不安を抱えないように言葉をかけることです。つらい現実は変えられませんし、その後に続く寂しい思いもなくすことはできませんが、周囲の見守る姿勢は、子どもの心のバランスを保つ助けとなり、生きるチカラに通じているように私は思うのです。

子どものチカラを信頼して見守る

子どものチカラを信頼して見守ることは簡単なようで、そうでもありません。子どもの重荷を代わりにこちらが背負いたいと考えたり、元気づけたくて褒め励ましたりしたくなることがあります。ですが、子どもを見守る姿勢として、私が思い描くのは、その子の横を伴走するイメージです。もし、私が「この子を支えてあげなければ心配だ」と思って「背負うように」接すれば、子どもは私の表情をさぐり、「先生」と呼んで私に意見や確認を求めながら遊ぶようになります。子どもが行うどんな表現にも意味があり、子どもに表現のし方を提示したり、教え導くことは、（子どもが自分や周囲を傷つけることがない限り）必要ないと思っています。また、どんな状況にあっても、子どもは決して

「かわいそうな子」と憐れまれる存在でもありません。もし、こちらがちょっとでもそういう態度をとると、子どもは敏感に「悲しまなくっちゃいけないんだ。笑っちゃダメなんだ」と思って、周囲の期待通りの姿を装おうと頑張ることがあります。周囲の大人は、子どもに寄り添う際、子どもが自由に選択できる安全な環境を整えるようにすること、子どもの個別性に気を留めること、子どものなかにあるチカラを信頼する思いで伴走することが大切だと考えています。

子どものチカラを信頼することは、とりわけ親子の関係において言えます。病院で出会う患者さんの中には、長期間にわたって治療を続けるため、子どもと離れて過ごす方もいます。そうした患者さんから多く聞かれるのが、「(子どもに) もっと○○してあげればよかった」「△△していたら子どもに不安な思いをさせずに済んだのに」というご自分を責める思いです。「私が病気になったため、同じ世代の子がしなくてもいい我慢や苦労を子どもにさせてしまって申し訳ない」という罪悪感で自分にペケ（×）マークをつけて、「ごめんね」とつぶやく姿にも接することがあります。患者さんご自身にとってはペケ（×）マークの思いであっても、それは子どもを大事に思っている親としての深い愛情の裏返しであり、もし親子が互いに愛情を表現できる機会があれば、「ごめんね」が「ありがとう」に変わることもあるのです。ある親子の例をご紹介します。

「ごめんね」から「ありがとう」へ

入院中のYさんは、四歳の娘さんと六歳の息子さんを思いながら何度も「私はダメな母親です。子どもには（病気のことを）内緒にすればよかったのかな」と涙を流して私に語られました。Yさんは子どもたちに入院前日、おっぱいの悪いところをとるために病院にお泊りすると説明したそうです。入院後、娘さんは「ママ、いつ帰ってくる？」と何度も聞き、息子さんは入院日に泣いたきりYさんの話をまったくしなくなったそうです。

これを聞いた私は、Yさんに、入院前の対応は充分であったこと、子どもたちの反応は他の子でも一時的によく現れるものであることを伝え、今後の子どもへの関わり方を一緒に考えました。その結果、なるべくこれまでと同じ子どもの生活パターンを保ち、世話をしているYさんのご両親がスキンシップを多めにとること、また退院予定日まで子どもがカレンダーに毎日好きなシールを貼ることを試してみることにしました。二人ともシール貼りを喜び、寂しさを感じつつも母親の不在が期限付きであることを理解した様子でした。

手術後、面会に来た二人は、以前のようにまだ腕を動かせずに抱っこしてくれない母親（Yさん）の姿に戸惑っていたため、その様子に気づいた看護師さんが、一時的に腕を動かしづらい理由と注意点を二人に伝えて、これまで通りにママと手をつないでも、そばにいても大丈夫であることを話しました。すると、娘さんは母親の膝に自分のお気に入りの人形を置いて遊び始め、息子さんは母親の横に座り、パジャマの裾を握って笑って過ごしていました。「心配してくれてありがとうね」とYさんは子どもたちに優しく触れて言いました。その後、Yさんは、「病院にいても母親らしいことはできますね」と語り、手紙やメールで子どもに愛情を伝え、そのお返しに子どもからも絵や折り紙を受け取るやり取りが続きました。

Yさんのように、子どもに対する親の思いが「ごめんね」から「ありがとう」に変わる場面に出会うことが多くあります。そのとき、子どもは親の愛情をたっぷり感じていて、親は子どものもつ生きるチカラを確かに感じとる、相互に風通しのよい関係があるように思います。

このように、病院での私の仕事は、子どもへの直接的な支援と、親を通しての間接的な支援を行うことです。その働きは、一人で行う支援ではなく、多くの職種の方々と協力しながら行います。そのことで、私は支援者として寄り添い続けられているのだと考えています。

過去、現在、そしてこれから

これまでの歩みを振り返ると、父との突然の別れがあり、その後に死別体験をした子どものグリーフサポートに携わってきた経験があり、そして現在は、親ががんの療養中であるために日々の安心や安定を喪失している子どもと関わっています。この間、それぞれの出来事において、看護師さんから、患者さんから、そして子どもたちから、多くを気づかせてもらい、そうした私の人生における出来事の点と点が結びついて、一本の線になっているように感じます。

子ども一人ひとりのチカラを信じて、見守り、寄り添うこと。そのような社会が今よりももっと広がっていくこと。私もその一端を担いたいと願いつつ、子どもとの出会いをこれからも重ねていきたいと思っています。

本書の構成

以下、まず「第Ⅰ部」では、私が出会ってきた様々な子どもたちの姿、そしてプレイセラピストとして私が考えてきたこと、経験してきたことを記します。

「第Ⅱ部」は、少し長めで、少し専門的な文章です。子どもと日々向き合っている方に特に参考になるのではないかと思います。

「第Ⅲ部」は、牧師との対話です。私自身では文章化しきれなかった、私の仕事の根柢にある思い、信仰のことなども引き出してくださいました。

最後の「おわりに」では、プレイセラピーの目的を再確認し、心にきずを持った子どもにいかに寄り添っていくかを記して、本書のまとめとしました。

関心に応じて、どこからでもお読みいただければ幸いです。

第 I 部

プレイセラピーの現場から

プレイセラピーの仕事をして約 20 年になります。
たくさんの出会いの中で、考えてきたこと
感じてきたことを記します。

心がけていること　①

あそぶこと

私は日々病院や相談室にて、プレイセラピストとして子どもをサポートする仕事をしています。プレイセラピストは、日本においてはあまり知られていない職業ですが、欧米では子どもを支援する専門家として、学校や病院、福祉施設で勤務しています。具体的には、心に不安を抱えた子どもに対し、屋内での遊びや会話を重ね、安心できる空間そして信頼し合える関係性を通して、様々な気持ちの整理整頓をするお手伝いをしています。

子どもの心に寄り添うにあたっての決まった接し方などはなく、子どもが一〇人いれば一〇とおりの接し方がありますが、この第Ⅰ部では、私が仕事で出会った中学生以下の子どもから、これまで教わってきたいくつかのことをお伝えします。まず四回にわたって私がセラピストとして心がけていることを取り上げます。初回のテーマは「あそぶこと」です。

「遊び」という表現

子どもにとって、「遊び」は大切な表現方法の一つです。なぜなら、感情の言語化がまだ途上にある子どもにとって、遊びは自分のあらゆる気持ちを表す〝ことば〟だからです。子どもが楽しいときだけではなく、悲しいときにも遊ぶのはそのためです。おとなが「思っていたことをしゃべってスッキリした」というのと同じように、子どもも遊んでスッキリすることがあるのです。

絵本を読み聞かせると、子ども自らがその物語に吸いこまれているかのように登場人物（や動物）と一心同体となって喜怒哀楽を表すことがあります。絵本の世界同様、子どもは遊ぶことを通して、自ら想像した世界に飛びこみ、一人何役も演じながら「ごっこ遊び」をしたり、玩具を用いて独自の世界を表現したりします。その中で自分が思うことや感じることを必要に応じて表すのです。

その遊びのプロである子どもと一緒に過ごすために、おとなに必要なことは「想像力」と「創造力」を持つことです。巧みな話術を持ち合わせていなくても「想像力」があると、子どもが楽しんでいる遊び自体が同じように楽しく感じられ、子どもの気持ちに共感できる存在になれます。また、手先の器用さに関係なく「創造力」があると、子どもが抱く独自の世界を子どもと一緒にアイデアを出し合いながら創り上げ、あらゆる手段でその遊びを発展させていけるのです。

このように傍《そば》にいる人に遊びを共有してもらったとき、子どもは〝ことば〟が伝わったと感じられ、〝味方〟を得たような気持ちになるのです。

あそびを失った子ども

さて、その「あそび」という言葉を辞書で引くと、「遊戯」といった意味だけではなく、「機械のAの部分とBの部分とがぴったり結合されておらず、その間にある程度動

きうるゆとりのある状態」という意味があります。例えば、車を運転する際、ハンドルやブレーキペダルにこの「あそび」部分があるのは、急ハンドルや急ブレーキを回避するためですが、そのことは運転手の緊張の緩和にもつながるそうです。

工学においては「あそび」部分は安全装置の一種です。その意では私が仕事先で出会う子どもたちは、心の中の「あそび（ある程度ゆとりのある状態）」部分を失っているように感じられます。自分が強く思いこむ「あらねばならない自分」と「できない自分」の中間の「ほどほどの自分」が見いだせず、緊張が続いて身動きがとりづらい様子が多く見られます。

あるとき、「一〇〇パーセントの（完璧な）人間になりたい」と目標をたてたAちゃんと出会いました。その言葉の背景には「自分はダメすぎるから、とにかく一〇〇パーセントの人間にならなきゃいけないの。そしたらみんなが自分を好きになってくれる」という思いがありました。「ダメ自分」か「OK自分」かのどちらかしか選べないときのAちゃんは「ほどほど」を容認できず、呪文のように「ダメだ」を唱えていました。想像力の豊かなAちゃんの遊べる力を信じて私は傍に添い、一緒に彼女の創造する世界で喜怒哀楽を表す〝ことば〟を重ねました。そのうちAちゃん自らが「今週、Aががんばったことはね……」と少し自分を「OK」とする姿を見せ、最後に会ったときには「Aはね、一〇〇パーセントの人間にはなりたいの。でも、完璧な人っていないよね」と別れ際に話してくれました。Aちゃんは、理想と現実の間に、ある程度の「あそび」部分を見いだした様子でした。

みなさんの周りにもいつもは元気な様子なのに、ときにすっきりしない表情でため息交じりに「あ〜つかれた、もうダメ……」と話す子どもがいませんか？　そんなとき、「そんなこと言わずにいつもみたいに元気だしましょうよ！」と激励したり、「あらどうしたの？　なぜ疲れてるの？　何かあったの？」と質問攻めにしたりすることは後回しにし、子どもの〝ことば〟代わりである遊びを共有したり、子どもに備わるあらゆる力を信じて、ソッと見守ることを優先してもいいのかもしれません。それが子どもの心に寄り添う一つのあり方と、私は考えています。

傍に添う人との安心できる空間と関係性を重ねることで、子どもは自《おの》ずと必要な心のエネルギーを補給し、表情や思考、行動も「ある程度ゆとりのある状態」を持続させていくのです。

心がけていること　②

聴くこと　語りかけること

私は日々、心に不安を抱えた子どもに対し、屋内での遊びや会話を重ね、様々な気持ちの整理整頓をするお手伝いをしています。そのモヤモヤを抱えた子どもは、出会ってすぐに自分から「あのね……」と心の内を語り始めることはめったにありません。ただ、子どもは相手に知ってほしいと思えば、唐突と思えるタイミングで大事なことを話し始めることがあります。そのような子どもの「あのね……」にどのように寄り添うか、「聴くこと、語りかけること」をテーマに考えてみたいと思います。

あるとき、小学生を対象にした子どもの集まりで「お話タイム」をもちました。そこには三人の子どもが参加していました。お話タイムの内容は、「いま、一番大事にしているもの」でした。

三人のうち二人は、「ねぇ、きいて!」とこちらの注意を引いてから話し出しました。他方、その二人とは対照的にもう一人は、何も語らずに、けれど何か話したそうな視線をこちらに向けていました。

このような子どもそれぞれの言葉や姿に表れる「あのね……」をどのように聴き、どのように語りかけたらよいのでしょうか。その唯一の正しい対応などはありません。ただ、子どもの心に寄り添って「聴く」、または「語りかける」際、私が大切にしていることが二つあります。一つは「視線を子どもに向け続ける」こと、そして、もう一つは「子どもとの『間』を大切にする」ことです。この「間」というのは、相手との距離やタイミング、沈黙の状態などを表します。

どのように聴くか

多くの子どもは、話したいことを話したいだけ話そうとおとなに語りかけます。その際に、もしも聴く側が一方的に感想や結論を押しつけると、子どもは、話したいことを話したいだけ話せず、その子との視線も「間」も合わせられなくなります。「聴くこと」は、語る子どもの側が主体なのであり、聴く側は子どもの話す内容が良いか悪いか、正確かどうかの判断はしないで、そのままの内容を受け取ることが大切なのです。

そして、「そんなふうに考えたんだなぁ」と自分の理解の尺度ではかるのではなく、子どもの尺度を知る姿勢が大切です。もしも、「そんなふうに考えてはダメよ」、「なに、おかしなことを言ってるの」などと聴き手が子どもの語ることへの批評家になってしまうなら、子どもは、「ただ、聴いてほしかっただけなのに……」ともともと話そうと思っていた内容の半分も話せず、「もういいや、遊んでくる！」と話を打ち切ってしまうでしょう。子どもの話したい気持ちを邪魔せず「聴くこと」は難しいことでもあります。

どのように語りかけるか

一方、「語りかけること」にも難しさがあります。語る側は、「私はこう思う」と子どもより少し長く生きた者として意見を子どもに伝えたくなったり、沈黙の続く「間」を言葉や行動で埋めたくなる衝動が起きたりします。

子どもに何かを「語りかけること」は、語るおとな側が主体なのではなく、言葉を受け取る子どもの側が基準です。例えば、最初に挙げた黙している子どもに対する接し方の一つは、沈黙に耐えきれずに、語る側が「間」を埋めることではなく、「話したくなったときに話せばいいんだよ」と伝え、子どものタイミングを待つことなのです。

あるとき、周りに「ウソつき」と思われているBくんに出会いました。私が出会った最初の日、Bくんは自己紹介で、「ぼくの家には車が五台あるんだよ。お小遣いも○十万円もらったの。かけっこはいつも一番なんだ」と落ち着かない様子で話していました。

私はBくんがホントウではないことをいくつか語っていることに気づきましたが、その内容がホントウかウソかに関係なく、しっかり目を合わせてうなずき、会話と遊びを繰り返し共にしました。すると「ウソつき」ではなく、等身大のBくんの姿が、遊びの中では見られるようになりました。

「ウソつきBくん」は自信がもてないホントウの自分を隠すための仮面のようなもので、周りからの関心を集める手段なのではないかと思い、私はBくんとさらに遊び、遊びの中でホントウの会話を重ねました。あるとき、Bくんはとても長い沈黙の後、「あのさ……、他の人はまだ知らないんだけど、ボク、本当は運動が苦手なの」と語り、自分のホントウを表現する勇気を得た様子でした。

みなさんの周りに、「あのね……」を聴いてほしそうな子どもがいるかもしれません。もし「あのね……」と話し始めたら、途中で子どもの話が終わってしまっても、話が異なる話題に変化したとしても、子どもが話したいことを話したいだけ話す姿を肯定し、視線を合わせて聴いてはいかがでしょうか。それが子どもの心に寄り添う一つのあり方と、私は考えています。

子どもは、相手に充分に受けとめられる体験を重ねると、心を成長させ判断していく力や自信を保つ力を養っていきます。子どもはいつでも「あのね……」を聴いてくれる人を待っているのです。

心がけていること　③

気に留めること

私が出会う子どもの多くが、理由はそれぞれ異なる《モヤモヤ》とした思いを抱えています。そのような子どものモヤモヤは、代わりに抱えてあげることも、魔法ですべて消してあげることもできません。けれども、抱え込まなくてもよいようなモヤモヤであれば、それをどうしたら小さくしていけるのか。あるいは、誰でも抱えていて当たり前のようなモヤモヤであれば、それとどうしたらうまくつき合っていけるのか。そうしたことを、子どもの姿を気に留めつつ、見いだしていくことに努めています。今回は「気に留めること」について考えたいと思います。

モヤモヤの正体

私がロンドンに留学をしていたとき、よく足を運んだ五階建ての本屋がありました。その三階はすべて子どものための本がズラッと並び、子どもがその場ですぐ読めるように、小さな机や椅子があちこちに置かれていました。あるとき、そこで気になる絵本を見つけました。その絵本のタイトルは、*The Huge Bag of Worries*（ヴァージニア・アイアンサイド著、左近リベカ訳『でっかいでっかいモヤモヤ袋』そうえん社、二〇〇五年）でした。その表紙には、モヤモヤの詰まった大きな袋を前に、女の子が困った顔をしている姿が描かれていました。

あらすじを簡単にまとめると、物語の前半では、ジェニーという女の子が、いろいろな心配ごとを抱えていき、とうとう自分の背丈ほどの大きな袋いっぱいのモヤモヤで身動きまでとれない状況になります。絵本の後半では、そんな状況でジェニーが途方に暮れていると、よく知っている隣家のおばあちゃんがジェニーに声をかけ、一緒にモヤモヤのグループ分け（整理整頓）をしてくれます。ジェニーがおばあちゃんと一緒に袋か

ら取りだしたモヤモヤの種類は多様でした。例えば、「外の光が大嫌いなモヤモヤ」「他の人のモヤモヤ」「優しくしたら離れていくモヤモヤ」「誰でも持ち歩いている、あってあたりまえのモヤモヤ」など。ジェニーは、おばあちゃんと一緒にモヤモヤの正体が何であったかを確認し、ついに大きな袋はいらなくなり、二人でニッコリと笑い合うところで絵本は終わります。

見守る存在の大切さ

私にとって、この絵本の内容で印象に残ったことが二つあります。

一つは、おばあちゃんが、ジェニーのことを普段から気に留めているということです。おばあちゃんは、ジェニーに、いつも声をかけるというわけではないけれど、通りがかりにそっと視線を向けて気に留めています。ほどよい距離感を保ち、必要なときにサッと近づくような存在であるおばあちゃんだったからこそ、ジェニーは「あのね……」と自分のモヤモヤ袋を見せられたのかもしれません。

いま一つは、二人がモヤモヤのグループ分けをしたときの、「誰でも持ち歩いている、あってあたりまえのモヤモヤ」の存在です。モヤモヤを抱えたジェニーは、モヤモヤを無くすために、まず、自分の人生経験をもとに精いっぱい対処しようとしますが、うまくいきません。次に、モヤモヤから逃げてみたり、戦ってみたりしますが、ダメです。そして、ついに、どうにもならないとわかったそのとき、おばあちゃんが「あら、どうしたの」と声をかけてくれたのです。そして、誰でもいくつかのモヤモヤを抱えているということを、ジェニーより何倍か多く生きてきた者として教えてくれたのです。こうして、ジェニーは、モヤモヤをゼロにしなくてもいいことを受け容れ、これまでの心の重荷がスッと軽くなったのです。

あるとき、中学生のCさんに出会いました。Cさんは、長い間、「ないしょ」を抱えて過ごしていました。ある日、「うるさい、みんな大キライ」と怒りを表したことがきっかけとなり、私と出会うことになりました。

椅子に身体を丸めて座るCさんは、何かを解決する体力も気力も思考も不足した様子で無表情でした。そんなCさんに、怒りを表すエネルギーがあったことに希望を感じた私は、Cさんの表情を気に留めながら、ゆっくりと静かにCさんの傍で過ごしました。やがてモヤモヤの居どころ探しを一緒に試みるなか、Cさんは「モヤモヤをゼロにしたい」と語りました。次第に、身体からエネルギーが感じられるようになり、表情に多少の変化も生じてきました。そして、Cさんは、モヤモヤがすっかり無くなることはないことを知り、長い間抱えている「ないしょ」を、見せる人と今は見せない人を自分で決めた後、私の元を去りました。

みなさんの周りにも《モヤモヤ》を抱えている子どもがいるのではないでしょうか。おとなが真っ先に解決案を提供するのではなく、子どもの表情やしぐさといったあらゆる変化を気に留めながら一緒に過ごすことが、子どもの心に寄り添う一つのあり方なのではないかと、私は考えています。

さきほどの絵本の中で、おばあちゃんは、ジェニーが自分自身でモヤモヤ袋を開けることを促します。その際、ジェニーをこう励まします。「モヤモヤにとって、見られることほどいやなことはないのよ。どんなちいさなモヤモヤでも、コツはゆっくり出すこと。一つ一つね。だれかに見せながら」。

子どもは、誰かに気に留めてもらっていることにより、周囲に助けを求める力、課題を解決しようとする力を自ずと養っていくのです。

心がけていること　④

共に在ること

　これまで三回にわたり、子どもの心に寄り添う際に心がけていることについて、「あそぶこと」「聴くこと　語りかけること」「気に留めること」というテーマで書いてきました。今回のテーマは、これまでのまとめの意味も含め、「共に在ること」です。

「ひとりぼっち」の反対は

　数年前、予期せずドイツに暮らす機会がありました。渡独した際にはまったくドイツ語ができなかった私は、すぐに語学学校に通い始めました。ある授業の帰り道、「チーズケーキが美味しい」と先生が教えてくれたカフェに寄りました。

その店には、レンガ色の壁に囲まれた小さな中庭がありました。その壁には、なぜだかドイツ語で「明るい⇕暗い」「安い⇕高い」「小さい⇕大きい」「狭い⇕広い」といった対義語が、壁の上から下まで三〇語以上も書かれていました。私は、注文したケーキと飲み物が来るまで、それらの対義語を順にノートに書き写しました。その中には、知らない単語も、知っていても使う機会がないだろうと思われる単語も様々ありましたが、読み取った瞬間にハッとさせられる対義語がひとつありました。

「allein ⇕ mit anderen」というものです。「ひとりぼっち⇕誰かと一緒」とでも訳せるでしょうか。「ひとり」の対義語に、「大勢」という無機質な別の単語しか思いつかなかった私は、この対義語を目にしたとき、血の通ったコトバに出会ったような感覚を覚えました。

「ひとりで在る」ことを自ら好むことは、誰もがあります。他方、自分が選択しない状況で「ひとりぼっちで在る」ことを感じる瞬間は、孤独感や無力感などで心が揺らぎます。言い換えるならば、そんなときはどんなに大勢の中に在ったとしても「ひとりぼっち」を感じる場合があるのです。そのような「ひとりぼっち」の状況で、誰かが一緒に過ごし、さらに、その誰かが「自分の抱えるホントウの気持ち」を疑うことなく受けとめてくれたならば、それだけで何人分もの応援を得たような気持ちになります。子どもも同様です。

三つのポイントABC

ひとりぼっちの子どもと共に在る際に、私が心がけるポイントが三つあります。三つのポイントは英語の頭文字を並べるとABCとなります。

一つ目は「Accepting」、相手のありのままを受けとめること。二つ目は「Being」、何かをしてあげる（doing）のではなく、相手の力を信じて傍で見守ること。最後が「Caring」、相手を尊重し、思いやりつつ接すること、です。このABCは、それぞれ異なる個性をもつ子どもに、関わる側の個性を押し付けないで共に在るために不可欠なことです。

あるとき、よくお腹や頭が痛くなるために学校を休みがちだった小学四年生のDくんに会いました。

私が会ったときのDくんは、何をやってもダメな子だとみんなに思われていると感じ、自信を失って何もやる気が起きない様子でした。私と会ってしばらくの間、「僕、何もしないよ。一緒にいないで、僕のことなんて放っといて」と語っていました。「そっか。私は一緒にいたいからさ、傍にいるね」と伝えて、折をみては遊びをいくつかDくんに紹介しました。

Dくんは当初、どんな玩具にも触ろうとしませんでしたが、会話をする中で、エネルギーを発散する新聞紙を使った遊びを思いつき、毎回一緒にやり続けるようになりました。最初、遠慮がちだったDくんの遊ぶ姿はだんだん積極的になり、自分から「三〇秒以内でやること！」など、遊びの中にルールを提示し始めました。ある程度の条件をつくって遊べるDくんの姿に、私は「だいじょうぶ」と確信しました。

Dくんはその後、気持ちの揺らぎを幾度か体験しつつも、周囲の気持ちを優先しすぎたり、失敗の予防線を引きすぎたりせずに、やりたいことを楽しめるようになりました。不健康だった体調も少しずつバランスを保てるようになり、最後には、「もう、だいじょうぶ」と私に別れを告げました。

みなさんの周りにも「一人にして、放っておいて」と言葉や態度で表す子どもがいないでしょうか。そんな時、発言や態度のとおり受けとるのではなく、どうやったらその子の「誰か（mit anderen）」になれるのか、ABCポイントをヒントにしつつ見守ってもいいのかもしれません。「一緒にいたいから、傍にいるよ」という姿勢で共に在ることが、子どもの心に寄り添う一つのあり方ではないかと、私は考えています。

「ひとりぼっち」の子どもがありのままを受けとめてくれる「誰か」と共に在ることで、がんばりたい気持ちを自ずと養っていき、「だいじょうぶ」と新しい一歩を踏み出すようになるのです。

五感すべてを使って

私は現在、病院で、がんの患者さんとその家族をサポートする仕事をしています。その中で、乳幼児期のお子さんをもつ患者さんから、「子どもには私が病気だということはわからないですよね。説明しても理解できないと思うので黙っていてもいいですよね」と尋ねられることがあります。まだ言葉の意味を十分に理解できない幼い子どもにとって、コミュニケーションとはどのようなことであり、またどのような意味をもつものなのでしょうか。ここから三回は三歳以下の子どもと親のコミュニケーションをテーマにしますが、まず初めに、とりわけ一歳以下の乳児と親のコミュニケーションについて考えてみたいと思います。

乳児と親のコミュニケーション

子どもは生まれてから三歳までの間に、育った環境や刺激に応じて脳の神経細胞をどんどん減らしていくそうです。減らしていくというのは、決してネガティブなことではなく、神経回路の基礎をつくるため、必要な神経細胞かどうかをきちんと選択していくプロセスなのだそうです。その選択に欠かせないのが、傍にいる養育者の存在や関わり合いと言われています。

脳研究者の池谷裕二さんは、『パパは脳研究者』（クレヨンハウス、二〇一七年）という著書で、ご自身のお子さんの〇歳から四歳までの成長の姿を記録すると共に、脳科学的な観点から幼い子どもの行動や思考をわかりやすく説明しています。その中で池谷さんは次のことを語っています。「親子のコミュニケーションが多ければ多いほど、脳が強く活性化する」。このコミュニケーションという言葉には、指さすことや見つめ合うことなどの非言語的なやりとりも含まれます。まだ十分に言語化ができない乳児にとっては、五感のすべてがコミュニケーションとなるのです。

能動的に感じとるチカラ

乳児は、生まれて半年ぐらいが過ぎると、「いないいないばあ」を喜び始めます。「自分」と「他者」を区別できるようになった証拠です。相手の顔（特に目）が手で覆われると、乳児は「その存在そのものがいなくなっちゃった！」と思いつつ、すぐに手の後ろから顔があらわれることを期待します。そして期待どおりに顔があらわれると大喜びします。すでに現在と少し先のことへの期待を学習し始めているのです。

そうした中で情報が蓄積され、知っている顔かそれとも初めて知る顔かを見分けます。また相手の表情から、笑っているのか、怒っているのか、悲しんでいるのかを区別します。さらに相手の言葉からも、心地よい言葉かそうではないかを敏感に感じ取っています。言葉の音真似をし始め、真似て発声することが「ママ、パパ」といった言葉につながっていくのです。視覚、聴覚、触覚、味覚、嗅覚といった五感すべてを使って能動的に得られたこれらの情報は、その瞬間のみならず、未来の子どもの日々を豊かにするものだと言われています。

冒頭で述べた乳幼児期の子どもをもつ患者さんからの問いかけ（「子どもには私が病気だということはわからないですよね。説明しても理解できないと思うので黙っていてもいいですよね」）について、私は、これが唯一の正解というものはないと考えています。このような場合、私は、患者さんが幼い子どもに多くの言葉を使って説明するよりも、次の三つのことを勧めています。それは、安心できる養育者がいること。「だいじょうぶだよ、そばにいるよ」といった心地よい言葉がけをすること。スキンシップを重ねることです。これら三つのことは、五感のすべてから能動的に感じ取る幼い子どもにとって、言葉での説明以上に、全身で理解できるからです。

あるとき、病院の待合室でこんなことがありました。少し不安そうな顔をしたご夫妻が、二歳の息子Pくんと九か月の娘Qちゃんと一緒に座っていました。Qちゃんはちょうどハイハイが始まった頃で、手と足、身体全体を使って能動的に身の回りの世界を知ろうとしているときです。しかし、Qちゃんは、寝るのも抱っこされるのも嫌がり、心地悪そうな様子でした。その近くでPくんは一人で絵を描いたり、紙製の乗り物のおもちゃで静かに遊んだりしていました。

そんなとき、ふとQちゃんがPくんの紙製のおもちゃに興味をもち、そのおもちゃに触ろうとして、チカラ加減がわからずに叩き壊してしまいました。Pくんは驚いて、Qちゃんを怒鳴って叩きました。Pくんの怒鳴り声と叩く姿に気づいた母親は、Pくんの手を握り、落ち着いた声で何があったのか、そして叩くことはいいことなのかいけないことなのかを聞いていました。Qちゃんも驚いて大泣きしていましたが、父親に抱っこされて、「だいじょうぶ、あっちにキラキラがあるから見に行こうか」と移動して、風に吹かれる窓辺のキラキラ飾りを見るとすぐにQちゃんは泣きやみました。Pくんの壊されてしまったおもちゃはそのままですし、Qちゃんが大人の思いえがくような反省をすることはありません。ですが、二人とも安心できる大人に見守られ、言葉がけをされ、肌でぬくもりを感じることで緊張を解き、それぞれの成長に合わせて気持ちを落ち着かせたり、切り替えたりしていました。

幼い子どもは瞬間を生きています。会話を通じたコミュニケーションは年齢が大きい子どものようにはできないとしても、五感を通じたコミュニケーションによって、「もっと知りたい、わかりたい」という思いがわき、相手との関わりを深め、信頼感や安心感をつちかっていきます。親からのポジティブな言葉がけ、スキンシップ、温かいまなざしによるコミュニケーションを通じて、幼い子どもは、その後の歩みの基盤となる、他者への信頼感と情緒的な安定が養われていくのです。

乳幼児と親のコミュニケーション ②

親子遊びで共鳴する

共同注意（joint attention）という言葉があります。これは、例えば、親がぬいぐるみを微笑ましく見ていると、子どももその親に気づき、ぬいぐるみを見て微笑ましい思いを共有することです。こうした共同注意は、まだ言葉によるコミュニケーションが未熟な幼い頃から獲得し得るコミュニケーション能力の一つと言われています。親と同じものを見て笑ったり、悲しくなったりしながら、相手の気持ちを理解していくようになるのです。その能力は、瞬時に獲得されるものではなく、生まれてからの養育者との関わりを重ねていくことにより、徐々に獲得されていくものです。そうした能力を獲得する上で欠かせないのが、親子で行う遊びです。ここでは特に一歳から三歳頃の幼児期の親子遊びについて考えてみたいと思います。

遊びの広がり

幼児期の遊びは、二項関係の遊びから三項関係の遊びへと広がりをもっています。幼児期の子どもは、目の前の人や物に関心をもち、人や物との遊びから関係をつくります。例えば、「いないいないばあ」の遊びは、「子ども」と「あなた」の関係です。あるいは、おもちゃ遊びは、「子ども」と「もの（おもちゃ）」の関係です。これらを二項関係と言います。そして二項関係の遊びができるようになると、次に子どもの遊びは、「子ども」と「あなた」と「もの」の三項関係に広がっていきます。先ほどの共同注意は、「子ども」と「親」と「ぬいぐるみ」の三項関係の例です。これが、他の人の意図や思いを理解するチカラや、気持ちを共有するチカラ、行動を真似するチカラ、他者の関心を向けさせるチカラ、言葉を発するチカラなどを獲得する萌芽となるのです。

人への関心がもちにくい子どももいます。そうした子どもの場合、「もの（おもちゃ）」との二項関係である遊びの世界が長く続くことがあります。そこに、大人（親）の側から入り込むことで、「子ども」と「もの」と「あなた」の三項関係を生じやすくすることができます。その際に大切なことは、子どものその時どきの思いを親が積極的に共有することです。ちょうど冒頭で挙げたぬいぐるみの例の場合、子どもがぬいぐるみに注意を向けている二項関係に親が気づき、子どもがぬいぐるみを微笑ましく見ている思いを親も共有することで、三項関係を結ぶという具合です。大人（親）も遊び上手になる必要があります。

子どもの好奇心を受けとめる

幼児期の親子遊びにおいて、大切なことを二つ紹介したいと思います。

一つ目は、好奇心が旺盛な幼児がよく発する「見て見て！」を受けとめることです。子どもは親をよく見ています。他方、その自分を親に見てほしいと強く欲しています。自分の存在や能力を認め、共感してほしいと思うからです。仮に子どもがよくわからない遊びをしていたとしても、子どもが発する「見て見て！」をだいじに受けとめることが、親の大切な役割と言えます。しかし、親にとっては手が離せないときもあるでしょう。そのようなときには、視線を向けるだけでもいいのです。子どもは、自分のがんばりや楽しさをわかってもらいたいという気持ちが、視線を向けられることで、充分に満たされます。「見てるよ」と柔らかく応えれば、さらに子どもの満足度は高まります。ここでは「上手にできたね」など大人の側の評価を加えて褒めることよりも、子どもの求めに応じて「見てるよ」などと評価を加えずに伝えることの方が、子どもの自己肯定感が高まるように思います。

絵本を共に読むこと

二つ目は、親子で絵本を読むことです。絵本を通じて、物語を共有し、親子で気持ちが共鳴します。こうした中で、子どもの感情は、ワクワク、ドキドキ、ビックリ、ガッカリと複雑に細分化していきます。それが、他の人の意図や思いを理解するチカラや、気持ちを共有するチカラなど、他者とのコミュニケーションにおいて欠かせない能力の獲得につながっていくのです。

あるとき、母親Rさんと二歳の息子Sくんに会いました。最初に会ったときのRさんは、Sくんと同じぐらいの子どもに会うと、Sくんとその子の成長を比較して不安や安堵を繰り返している様子でした。さらに家では、Sくんが「ごめんなさい」や「ありがとう」が言えるようにしつけることを心がけ、Sくんの言動一つ一つに正解や不正解の判断を示しているようでした。Rさんにも何か理由があるのだろうと聞いてみると、あと数か月で入園する保育園での新しい環境に備えるためとのことでした。Rさんの心配は理解できます。ただ、Rさんの思いだけでインプットする情報は、現在のSくんの発達段階において、一時的にマネはできても、

継続的に行う動機づけにはなりにくいものです。Sくんの表情や発語が乏しいことも気になったため、私から母親のRさんに二つの提案をしました。Sくんのすることを見守ること、そしてSくんのがんばったことを認める言葉がけやスキンシップをすることです。このために、具体的な手段も伝えました。毎日少しの時間でもいいので、Sくんがやりたいと決めた遊びを一緒に行うことや、読みたいと選んだ絵本を一緒に読むことです。遊びを通じて視線や会話を交わし、また絵本を通じて親子で気持ちを通わせることができる機会になるからです。

三歳以下の幼児は、その場ごとに真似ることは得意ですが、大人の都合でインプットされた情報を、いつもそのとおりにアウトプットできるとは限りません。しかし、親子での遊びや絵本を通じて、気持ちを共鳴させ合いながらインプットされた内容は、その子どもが、自ら状況とタイミングを選びとり、行動に反映していきやすくなります。親子遊びの共鳴空間を大切に重ねていくことが、子どもの生きる力や、他者と通じ合う力につながるのです。

乳幼児と親のコミュニケーション ③

ふわふわさんとチクチクさん

幼児期の子どもは、周囲とのコミュニケーションによって、自我がめばえ、身近な大人を真似ながら表現をするようになります。他方、幼児をもつ親にとっては、同じことを繰り返し説明したり、注意したりしなくてはいけないなど、イライラを感じることもあります。ここでは、幼児期の親子のコミュニケーションについて考えてみたいと思います。

大人のための心理童話として書かれたアメリカの絵本に『ふわふわさんとチクチクさん』（クロード・スタイナー著、こばやしまさみ訳、扶桑社、二〇〇一年）があります。村には優しい人たちが住んでいました。村人たちは生まれながらにこころに「ふわふわさん」をもっています。その「ふわふわさん」をやり取りすることで、村人たちは互いにあたたかく接し合っていました。ところが、村に意地悪な魔女が登場します。魔女は村人たちに「ふわふわさんを使い過ぎたら、もう二度と手に入らない」と脅し、「ふわふわさん」を失う恐怖心を植えつけます。そして、魔女は村人に「チクチクさん」を渡し、「ふわふわさん」ではなく「チクチクさん」でお互いにやり取りすることを勧めます。この物語は、ある人物の登場で好転していきますが、誰でも自身の経験に重ねることができる物語ではないかと思います。

「ふわふわ言葉」と「チクチク言葉」

「チクチク」言葉を受けたとき、「ふわふわ」言葉を相手に返すことは難しく、「チクチク」言葉には「チクチク」言葉でやり返してしまいます。親子の会話でも同じです。とりわけ自律心がめばえる幼児期の子どもは、言葉数がどんどん増え、親とのやりとりの中で「チクチク」した言葉の応酬が自然と起こりやすくなります。

例えば、出かける直前におもちゃ遊びをしだした子どもに、「おもちゃを片付けないとダメでしょ」『ヤダ！』「いつも同じことを言わせないで」『いつもじゃない！』「片付けないなら、このオモチャ、捨てちゃうよ」『ダメ！』などの失望や脅しの「チクチク」言葉を混ぜながら、子どもとやりとりをすることもあるでしょう。こうした「チクチク」言葉の代わりに「ふわふわ」言葉を使うとすれば、どのような言葉が思い浮かぶでしょうか。例えば、「こんな時間におもちゃが出てきたね。このおもちゃのお家はどこだっけ？」と一緒に片付けるとか、あるいは「あと五つ数えたら出かけるから、今日のおやつに何を持っていくか、一緒に決めよ？」と目先の具体的な楽しみを提示することも考えられるかもしれません。親子のコミュニケーションの中で「ふわふわ」言葉を重ねていくことは、子どものコミュニケーション能力や自制心の発達においても欠かせないことです。

あるとき、保育園のT先生からこんな相談があり、一緒に考える機会がありました。3歳児Uくんにかける母親Vさんの言葉が気になるとのことでした。Uくんには十歳の兄がいました。ある日、お迎えのときにもっと遊んでいたいUくんは「帰りたくない、まだ遊ぶ」と母親に訴えていました。仕事で疲れているVさんは待てずに、そのままの口調で「そんなこと言うUはいらない。うちの子は言うことをよく聞くお兄ちゃんだけでいいや。じゃあね、バイバイ」と言って帰る振りをしました。するとUくんは半べそをかいて帰り支度を始めました。そのようなことが、これまでも何回か見られたそうです。

T先生が気にしていたのは、その親子のやりとりだけではありませんでした。Uくんは友だちとの遊びのやりとりでも、自分の思いが通らない場面では、「○○ちゃんなんて、いらない！　バイバイ！」と言うそうです。

この状況をどう変化させられるかをT先生と一緒に考えました。まずT先生は、Uくんの気持ちを受けとめつつ、友だちへの思いやりをうながすようにすること、そしてUくんが何かがんばったときには充分に褒めることにしました。また T先生は、母親Vさんとも積極的に話をするようにしました。Vさんとの話では、Vさんの思いを受容しつつ、Uくんがその日にがんばったことを報告するようにしました。そのようなことをT先生が繰り返す中で、次第に母親VさんがUくんにかける言葉は柔らかくなり、Uくんも母親に「あのね、ママ」と甘える様子が見られるようになりました。

子どもは大人の会話や仕草をよく見て、真似ます。大人は子どもにいつでも優しく相応しい振る舞いができるわけではありません。ですが、子どもが生まれながらにもっている「ふわふわさん」を周りの人たちと交換していけるように、まずは子どもをとりまく大人が、それを心がけてはどうかと思います。

年代別に　①　四〜六歳頃の子に寄り添う

ココロのヒカリ

ここから四回は、子どもの年齢ごとに（四〜六歳頃、七〜九歳頃、十〜十二歳頃、中学生）、子どもの心に寄り添うことについて考えてみたいと思います。まず、四〜六歳頃の子どもについてです。

ココロのヒカリは……

『ココロのヒカリ』（文・谷川俊太郎、絵・元永定正、文研出版、二〇一〇年）という絵本があります。最初の一節は問いかけです。「ココロのヒカリはいつうまれる？」。この問いかけに対して、いろいろな答えが例示されます。「たのしいきもちになったとき？」

「だれかとキモチがひとつになったとき?」「みんなとおんなじうたうたうとき?」

私は、プレイセラピストとして、子どもが抱えるモヤモヤとした思いを、子どもが得意とする遊びを通して、子どもと一緒に考え、向き合っています。ココロのヒカリが消えかかってしまったように感じる子どもと出会います。

子どもの心に寄り添うときに気づかされるのは、たった一つの「正しい」接し方や「正しくない」接し方があるわけではない、ということです。一〇人の子どもがいたら、一〇通りの接し方があると言えます。ただし、接し方は個別的ですが、子どもにとって年齢相応の遊び方がどのようなものであるかを気に留めて寄り添うことが大切です。ここでは四~六歳ぐらいの未就学児の遊び方について考えてみたいと思います。

Eちゃん親子が向き合うとき

四~六歳ぐらいの子どもは、自分で判断して自主的に行えることが増え、新しい体験への意欲と自信が見られます。身近なおとなの言葉や行動を真似しながら、自己流の解釈で周囲のことを理解し、関心を広げていきます。遊びにもそれが表れます。その代表的なものは、「ごっこ遊び」です。ごっこ遊びのなかで、子どもは自分が見たこと聞いたことを真似して、いろいろな役割を担います。人形の世話をして達成感を得たりします。このように、遊びを通じて社会性や想像力を養います。他方、ごっこ遊びを通じて、子どもの誤った思い込みに気づかされることもあります。

私が職場の病院で出会ったEちゃん（五歳）という女の子がいます。Eちゃんの母親は、末期がんで入院していました。私は、お見舞いに来るEちゃんの心理的サポートをしていました。

あるとき、Eちゃんが子グマのぬいぐるみとごっこ遊びをしていました。Eちゃんは、子グマに対し、「泣かないこと」「食事を残さないこと」など、しきりに「いい子」にしつける遊びを繰り返していました。

Eちゃんには、母親の病状はナイショにされていました。Eちゃんのことを思いやった家族の判断です。しかし、そのナイショは、Eちゃんを混乱させてしまいました。Eちゃんくらいの年齢の子どもは、見たことや聞いたことをそのまま、自分の少ない経験に当てはめて思いをめぐらします。

Eちゃんは、周囲のおとなから「いい子にしていたら、病院のママも喜ぶよ」と言われ続けていましたから、「いい子にしていたら、ママが元気になる」と信じて疑いませんでした。ところが、日に日に弱っていく母親の姿を見ていると心配になり、「自分のせいで、ママが治らない」と思いこんでしまいました。不安がつのり、たまらなくなったEちゃんは、病室で母親にこう言いました。「いつ、かえってくるの？　いい子にするから、おうちにもどってきて、ママ」。

不安がつのるEちゃんの姿を見ながら、Eちゃんの両親は、Eちゃんに病気のことを伝える決心をしました。その伝え方について相談を受けた私は、Eちゃんの両親と話し合い、両親がいる中、親グマと子グマのぬいぐるみを使って、まず私から、母親の病気について説明することにしました。私が親グマは病気だよと説明している間、Eちゃんは子グマになって、親グマの病気の部分を撫でてあげながら聞いていました。

次に病状説明の後、Eちゃんと父親・母親の三人で、お互いの大事に思っていることを伝え合う時間をもちました。そして、三人で一枚の布地に絵を描くことにしました。

母親「Eちゃんがママの子で嬉しいよ。どんなEちゃんもずっと大好きだよ」。父親「病気は誰のせいでもないんだよ。いっぱいいっぱいみんなでママを応援しようね」。Eちゃん「ギュッとしてあげる。ママだいすき〜」。

それから三日後の朝、Eちゃんの母親は亡くなられました。そのとき、親子で一緒に描いた絵をEちゃんは両手でギュッと抱えていました。

冒頭で紹介した絵本『ココロのヒカリ』は、次の一節で締めくくられています。「ほのかにかがやくココロのヒカリ」「（ヒカリが）どこかとおくにかくれても」「ココロのヒカリでよがあける」。たとえヒカリが隠れてしまったような状況においても、子どもには「ほのかにかがやくココロのヒカリ」がありま す。子どものココロの中のほのかなヒカリは、周りの誰かがそっと手をかぶせるように寄り添うとき、決して消えることなく、存在し続けると、私は思います。

年代別に　②　七～九歳頃の子に寄り添う

ずっと笑わせておくと疲れてしまう

私は、子どもが抱えるモヤモヤとした思いを、子どもが得意とする遊びを通して一緒に考え、向き合っていく仕事をしています。子どもの親からよく聞かれるのが、「この子はどれぐらいで治るでしょうか」という質問です。そうした親の心配は当然のことと理解しつつ、期間についての答えはないこと、そしてセラピーではどのように現実と折り合いをつけられるかを共に考えるため、風邪が治るといった意味合いの回復は目指さないことを説明します。

子どもに寄り添う際には、その子どもの年齢における発達段階を気にかける必要があります。今回は、七～九歳ぐらいの小学校低学年の子どもについて考えてみたいと思います。

イメージと実際のギャップ

七〜九歳ぐらいの子どもは、就学により社会が広がります。新しい社会で、自律心が芽生え、好奇心が広がり、様々な挑戦を続け、その中で失敗と成功を繰り返しながら自分の能力を確認していきます。遊びでも、集団の中で役割やルールを決め、協力したり競ったりすることを楽しめるようになります。約束ごとを学んだり、我慢することを覚えたりすることもこの年齢です。

こうして認識する能力や表現する能力が発達していくと、イメージしている世界をより具体的に視覚化するような遊び方を好むようになります。例えば、お絵かきの中で、イメージしている世界をより具体的かつ詳細に描いたり、ヒーローやヒロインの玩具を手にしてイメージする世界のスケールを広げて楽しんだりします。他方、イメージすることと、実際に身近で起きていることとのギャップを十分に受けとめられずに戸惑い、不安定になることもしばしばあります。

山梨県の河口湖に与勇輝《あたえゆうき》さんという人形作家の美術館があります。先日、そこを訪ねてみました。与勇輝さんの作品は、「布でつくった彫刻」と呼ばれ、今にも動き出しそうな生命感が感じられます。私は作品からとりわけ、子どもや妖精の人形の、無理のない自然な表情に魅せられました。与勇輝さんは、人形に表情を与えるさいにこう言っています。「ずっと笑わせておくと疲れてしまうだろう。無理な表情はつくらない」。この言葉から、私は以前に出会った子どもの姿を思い出しました。

お兄ちゃんが大好きなＦくん

八歳のＦくんという男の子がいました。Ｆくんのお兄ちゃんは重い病気で長期間の入院をしていました。お兄ちゃんのことが大好きなＦくんは、病の完治を信じつつ、不安や寂しい気持ちを抱えていました。Ｆくんの表情がかたいことを心配した親が、Ｆくんを連れて面接に来ました。そのときのＦくんは、どんな質問にも、口だけ笑った表情のままハキハキと応え、母親の横にピタッと座っていました。

その後、Ｆくんと私は面接を繰り返し、そのたびに、ジェンガという数センチの積み木を建物の階層のように積み上げていくバランスゲームを、砂場の中で行いました。毎回、Ｆくんはジェンガのルールを変更し、自分の遊び方をつくり上げていきました。私はＦくんにジェンガをしながら、「Ｆくんは、グラグラするとき、何があったら倒れないでいられるの」と聞きました。すると、「お兄ちゃん」と答えました。

あるとき、Ｆくんは初めて車のラジコンで遊びました。コントローラーを使って自由自在に車を操っていました。そのとき、これまでの、口だけ笑ったＦくんの表情は消えていました。自分が操作する車を無事にゴールに到着させることを目指し、真剣そのものの表情でした。どうしてもゴールに到達できず、その遊び

を終えました。Ｆくんはガッカリしつつも、自然な表情で、「どうにもならないや」と言い、コントロールできないこともあることを認めている様子でした。

　ちょうどそのころ、Ｆくんのお兄ちゃんは終末期を迎えていました。最期のひとときを家族が一緒に家で過ごしていました。Ｆくんは、その緊張感と共に、お兄ちゃんがそばにいる喜びを素直に感じていたのです。

　大好きな、でも以前のように元気ではないお兄ちゃんと一緒に過ごすなかで、Ｆくんは次第に、口だけ笑った表情をするのではなく、喜怒哀楽の表情を見せるようになりました。

無理のない自然な表情

　子どもは、その表情と心の思いとが一致していないことがあります。おとなは、そうした子どもが、心の思いにそった自然な表情をしているか、丁寧に寄り添うことが大事ではないかと思います。

子どもの表情が、心の思いとは異なる無理な表情と感じられるときは、解決を急ぐ必要はなく、子どもを見守りつつ、子どもの内にある成長していく力を信じて待つことが大切です。そうすることで、子どもは、グラグラしながらも現実と折り合い、自律心を養っていくのだと思います。そして、徐々に自然な表情が伴うようになるのです。

年代別に　③　十～十二歳頃の子に寄り添う

すべての瞬間に、「大切」が宿ってる

私はセラピストとして子どもに出会います。心を器に例えるならば、セラピストの役割は、まず、子どもと一緒に器の中身を確認し、どのような気持ちが器をしめているのかを一緒に見つめることです。これまで私は、子どもには困難と向き合う力が備わっていると確信する体験を幾度もしました。周囲からの子どもへの理解と支えがあれば、子どもは時に応じて精いっぱいのエネルギーを、現実への適応のために用いていくのです。

今回は、十～十二歳ぐらいの小学校高学年の子どもに寄り添うことについて考えてみたいと思います。

仲間との関係づくり

一般的に小学校高学年の子どもは、他者への意識が高まり、友人関係などを通して自分の考えや行動を決めていくようになります。友だちの考えや行動に影響されて、善悪の判断をすることもあります。自分が同年代と異なることを極端に避けたり気にしたりすることもよく見られます。友だちとの会話で、自分の役割を察知し、遠慮したり主張したりといったやり取りを自主的にするようになります。また、イメージした自分の世界観を話し相手にわかりやすく説明することができるようになります。例えば、友だちに「もしさ……だったらどうする？」と話し始め、互いに共通の知識があれば、会話を通してイメージした世界を共有し合うのです。ときに、親に知られないようにナイショをもち、仲間との関係を築くのです。それは、「もう小さな子どもじゃない」という思いを抱く発達段階の表れとも言えます。

「6才のボクが、大人になるまで。」という映画があります。米国に住む六歳の少年メイソンが十八歳になるまでの成長過程をドキュメンタリーのように一二年間かけて撮り続けた作品です。「すべての瞬間に、『大切』が宿ってる」というのが、この映画のキャッチコピーです。ストーリーの中で、小学校高学年になった主人公のメイソンが、両親は自分をわかってくれないと失望し、仲間にだけ本音を吐露する場面があります。そこでは、両親が理解しないことを仲間と共有する時間と空間、その関係性から親子間の関係とは異なる友人同士の信頼と居場所を得ていく姿が描かれています。

仲間との共有

仲間との共有というと、私はGちゃんのことを思い出します。当時十一歳だったGちゃんは、大切な人と死別した子どもと家族が集まるサポートグループに参加していました。そこでは、子どもとおとなが別々の時間を過ごします。子どもの集まりでは、まず最初に自己紹介を行い、その後は自由に遊んだり、おしゃべりをしたりして過ごします。

Gちゃんはお母さんと数年前に死別していました。Gちゃんが集まりに初めて参加したときのことです。Gちゃんは自己紹介のときにこう言いました。「私のおじいちゃんが病気で死んじゃいました」。私は「あれ？」と思いながらも、Gちゃんにとっては、この言葉には何らかの思いがあるのかなと感じていました。

ある日、子どもたちがそれぞれ自由に遊んで過ごしていたとき、Gちゃんが私と手芸をしながらポソッと言いました。「ママが死んだあとに学校に行ったら、先生が私のこと特別あつかいするんだよね。友だちもそれ見てビミョーな顔をしてたし、普通にしてくれたらいいんだよね、ああいうときは。近所の人にも気を遣われたり、かわいそうって顔されたりして、学校でも（同じ）だなって……」。

私はGちゃんの周囲への意識やモヤモヤとした敏感な気持ちを感じました。「そうだったんだ、普通にしててほしかったんだ」と応えようとすると、それより早く、近くにいた一歳上の女の子が「わかる、それ」とGちゃんの背中に向けて言いました。その話はそれっきりで終わりましたが、このとき以来、Gちゃんは自己紹介で母親との死別を語るようになりました。

この集まりでは、子どもたちは終始、仲間の語るままを受けとり、ときには「なんで

死んじゃったの」などと子ども同士が互いに尋ねることもあります。Gちゃんは、この集まりの仲間との出会いを通して大切な一瞬を感じたのかもしれません。

先ほど紹介した映画「6才のボクが、大人になるまで。」の最後のところで、十八歳になったメイソンと友人が語り合う場面があります。『一瞬を逃すな』ってよく言われるけど、実際は逆だよね。一瞬が僕らを捉えているんだよね。その一瞬一瞬が続いていて、まさにこのときがあるんだよね」といった内容です。子どもには、おとなが気づかない大切なときがあります。おとなは、そうした子どもの大切なときにどのように寄り添えるでしょうか。子どもは、困難な現実を抱えたとき、おとなだけではなく、ときに仲間を通じてその現実に向き合うこともあります。まずは子どもに備わっている力を信じ、未来に続くときを見守る姿勢も一つの在り方だと考えます。

年代別に　④　中学生に寄り添う

いちばん大切なことは……

私は、セラピストとして子どもと接するとき、子どもには成長する力が必ず備わっていると信じながら子どもと向き合います。子どもの力をはかる物差しは存在しません。このため、個々の変化に、私自身の目や耳などあらゆる感覚を敏感にさせ、相手の気持ちに気づくことができるよう可能なかぎり努めます。

自分らしさの模索

年代別に考えてきましたが最後に、中学生に寄り添うことについて考えてみたいと思います。

一般的に中学生は、他者を意識しながら自分自身を模索するようになると考えられています。特定の人物に競争心を燃やして、目標を定めて努力したりします。そうしたなかで、自信をつけ、自らが決めた方向に積極的に進んでいく場合もあれば、自信を失い、孤独感や挫折感をおぼえ、気持ちをふさいでしまう場合も少なくありません。自己肯定感と自己否定感の間の揺れ幅が大きいのが、この年齢の特徴です。しかし、ゼロか百かと揺らぐときに、友人の存在や言葉をきっかけに、五〇くらいというあり方に気づき、それを受け入れていくことも、しばしばあります。

こうしてこの年齢では、家族よりも友人と一緒にいることに価値を見いだし、同年代の意見や振る舞いを意識しながら、自分らしさを模索しはじめていくのです。そして、友人は、競い合うだけの他者ではなく、自分自身に気づきや励ましを与えてくれる、大切な存在となっていくのです。

大切なこと

歌手の小田和正が作詞作曲した「たしかなこと」という歌があります。ある生命保険会社のCMで使用されたことで広く知られるようになった歌です。一部を抜粋します。

「哀しみは絶えないから　小さな幸せに　気づかないんだろ／……／自分のこと大切にして　誰かのこと　そっと想うみたいに／……／疑うより信じていたい　たとえ心の傷は消えなくても／……／いちばん大切なことは　特別なことではなく　ありふれた日々の中で……」

私にとって、この歌が印象深かったのは、抜粋した最後の歌詞「いちばん大切なことは　特別なことではなく　ありふれた日々の中で……」というフレーズが、タイトルの「たしかなこと」をさりげなく表していると感じられたからです。

一〇年以上前のことですが、私は英国に留学していたとき「大切なこと」を見失った中学生Hくんに出会いました。Hくんは、生まれ育った国が内戦下にあり、母親と一緒に移民として英国に渡りました。英国生活はまだ半年が過ぎたところでした。Hくんには言葉がつまる症状がありました。中学校でボランティアをしていた私は、放課後にHくんと「おしゃべりタイム」をもつことを依頼されました。

Hくんは当初、大きなストレスを抱え、心の安定が得られない状況でした。確かに英国に渡ったことで身の安全は確保されましたが、これまでの友人など大切な関係や生活が失われたからです。私は、おしゃべりタイムで、呼吸法を用いて身体と気持ちをリラックスするよう促しました。

しばらく経ったある日、Hくんは自分のことを少し話しはじめ、一枚の絵を描きました。そこには、以前暮らしていた国の危険な状況下で遊ぶ友人たちと、学校で一人机に向かう現在のHくん自身とが、一本の線で隔てられた左右に描かれていました。その後もおしゃべりタイムを繰り返すうちに、Hくんから、これまでの友人が今はいないこと、友人を残して自分だけ安全な場所に逃れてきたこと、友人より安全な場所にいるのに自分はがんばり切れていないこと、といったことが何度か語られました。

Hくんの言葉を聞きながら、最初のころの私は、Hくんに「がんばっているね」と慰めたり、励ましたりしたくなる気持ちに揺り動かされていました。しかし、そのことをHくんは求めていたのではなく、ただ当たり前のおしゃべりがしたいのでした。私がただ当たり前のおしゃべりをHくんとできるようになった頃、Hくんはこう語りました。「変えられないことはたくさんあるからね。でも僕はこの国で母さんと生活し続けるって決めたから。まずは深呼吸しながら、朝から夜まで過ごしてみる」。そしてHくんは英国でできた新しい友人と遊ぶ約束があると言い、私とのおしゃべりタイムは終了するときを迎えました。Hくんは、新しい生活の中で、哀しみを抱えつつも、「大切なこと」を見いだしていったのだと、私には感じられました。

子どもの力を信じて

大きなストレスで心が傷ついた子どもは、「可哀そうな子」「敏感な子」など、守ってあげるべき特別な存在だと、過剰に周囲からあつかわれることがあります。そのことが、子どもの自立心を妨げたり、おとなと子どもの間に不自然な関係を生じさせたりする場合があります。子どもにとって安らぎを感じる瞬間は、その時、その場で起きた気持ちを相手にただ認めてもらうことなのだと、私はHくんに教わりました。

どの年齢の子どもに対する場合でも、寄り添う者は、子どものあらゆる力を信じ、その気持ちがブレないように保つことが大切なのだと私は考えます。

変化の中で　①　生活環境

誰にとっての「あたりまえ」？

The Black Book of Colours（Menena Cottin/Rosana Faría, Walker Books Ltd, 2009）という絵本があります。表紙から最後のページまですべてが黒い紙面でできています。文字は、白字と点字。絵は、黒い紙面の上にわずかな凹凸によって描かれています。絵本の中の登場人物は、視覚障がいをもつ少年トーマスです。トーマスが、自らの五感を通じて、さまざまな色について説明する様子が語られます。例えば、私訳ですが、このような内容です。

「トーマスはこう言います。ひよこの毛みたいにふんわりなのが、黄色。落ち葉を踏む音がするのが、茶色。緑は、刈りたての芝生のようなにおい。すべての色の王様は、なんといっても、黒！　お母さんの髪の毛がほっぺたに触るときみたいな感じ」「とにかく、トーマスはどの色もだいすき。だって、どんな色でも聞いたり、嗅いだり、触ったり、味見したりできるんだもの」

視覚で色を捉える私にとって、聴覚・嗅覚・触覚・味覚といったさまざまな感覚で色を感じるトーマスの言葉は、私が「あたりまえ」としてきた固定的な見方を柔軟にしてくれ、「あたりまえ」が「あたりまえ」ではないという新しい気づきを与えてくれます。

「あたりまえ」が変化するとき

周囲にとって、あるいはこれまでの自分にとって「あたりまえ」であったことが、何かをきっかけにそうではなくなることがあります。ここから四回は、生活環境、友人関係、家庭生活、自分の内面など、「変化」をテーマにします。

人は、変化に適応する過程で、さまざまな感情を抱えます。驚き、怒り、悲しみ、寂しさを伴う場合もあれば、喜びや新たな発見を伴う場合もあります。子どもが変化を体験する中で、どのようにおとなは寄り添うことができるのかを考えていきたいと思います。

例えば、未就学児が小学校に進学する場合、周囲から「もう小学生になるんだから、我慢できなきゃね」などと言われることがあります。しかし、進学に伴う環境の変化を迎える子どもは、今までどおりに振る舞えず、未知への不安を抱えることがあります。

進学による環境の変化

私が会ったIちゃんは、小学校に入学する間際、「小学校にはぜったいに行きたくない」と親に泣いて訴えました。周囲は新しいランドセルや買い揃えた文房具がかわいい、制服が似合う、お友だちがたくさんできる、などとポジティブな言葉をかけましたが、Iちゃんの不安は強まっていました。私はIちゃんの話を聞きました。Iちゃんは、これまで楽しんでいた幼稚園での体験を話しながら、小学校という未知の生活へと変わってしまう不安や、幼稚園の友だちと異なる小学校に入学することで、誰も知り合いのいない場所に通うことになる不安を抱えている様子でした。

私は、セラピストとして子どもと接するとき、遊び（プレイ）をコミュニケーションツールにします。それは子どもの成長する力が、遊びの中で発揮されやすいと考えるからです。

Iちゃんの場合、不安を増大させないために、私は次の三つのことを心がけました。①Iちゃんの思いと他人の思いを区別すること、②Iちゃんの抱えるモヤモヤとその対処のし方を一緒に考えること、③その結果にかかわらずIちゃんの気持ちを共有することです。

①まず、Iちゃんは、何が自分の思いで、どれがおとなの思いなのかが曖昧だったため、絵や図に書いて整理をしました。

②次に、Iちゃんが何にモヤモヤし、どうしたらホッとするのか、選択肢を挙げながら一緒に考えました。

Ⅰちゃんの抱えるモヤモヤは、「朝、起きられるか」「一人で電車通学できるか」「知らない人ばっかかの小学校はイヤだ」というものでした。このモヤモヤに対し、Ⅰちゃんがチャレンジすることにした対処のし方は、「六時半に起きる」「小学校まで一人で行く練習を三回する」「同じ小学校に通う、知り合いのお姉さんに会ってみる」ということでした。ここまでできたら、もうモヤモヤは増大しにくい状況となります。

③よって、私は、チャレンジしたことが達成されてもされなくても、Ⅰちゃんのあらゆる気持ちを共有するように努めました。その後、小学校に行くのが嫌なⅠちゃんの気持ちは、一〇分の一〇から一〇分の三になりました。

「あたりまえ」を「あたりまえ」としない

例えば「入学」「進学」「就職」「結婚」など、人生におけるポジティブな変化と一般的に捉えられる場面においても、多くの人には多少の不安やストレスが伴います。他者の「あたりまえ」が自分の「あたりまえ」ではないように、自分の「あたりまえ」も他者の「あたりまえ」ではありません。変化への対処のし方も、「あたりまえ」とされるような基準はなく、人それぞれなのです。

冒頭に紹介したトーマスは、色を、視覚以外の感覚をもって、みずみずしく感じています。それは恐らく、周囲もトーマスのありのままを認め、見守っているからではないでしょうか。自分や周囲の「あたりまえ」という枠組みを外して、子どもの見方や表現に柔軟に合わせて寄り添うとき、子どもに内在する力がより発揮されるのだと考えます。

変化の中で　②　友人関係

お面の下にある感情

子どもは成長していく中で、さまざまな変化を体験します。予測できる変化であっても、思いもよらない変化であっても、子どもはそれまでの経験や知恵を用いて、新たな状況に向き合おうとします。その際、さまざまな感情の揺らぎを抱えます。それは、戸惑い、怒り、悲しみ、失望を伴う場合もあれば、満足や新たな発見を得る場合もあります。不安と安堵の感情が混ざり合うこともしばしばあります。

友人関係の変化

今回は、友人関係の変化について取り上げます。友人関係が変化するのは、例えば、引っ越しによる転校や、感情の行き違いによる仲たがいなど、様々な場合があります。転校による変化の場合は、寂しさや無力感を抱くかもしれませんし、仲たがいによる変化の場合は、憤りや不安を抱くかもしれません。子どもは、友人関係が変化する中で、どのように葛藤をおぼえ、それをおとなはどう見守り、寄り添うことができるのかを考えていきたいと思います。

お面をつける

以前に、海外でつくられた木製のお面をもらいました。一見すると笑い顔ですが、上下逆にすると泣き顔に見えるお面です。単体で二つの表情をあわせもつのです。これを見ながら私は、誰しもときに、このようなお面をつけることがあるのではないかと思いました。

お面をつけることには、様々な作用があります。お面をつけることで、新しい扉を開くきっかけを得ることもあれば、自らの感情を抑えて一時的に自分を防御することもあ

ります。例えば、子どもはウルトラマンのお面をつけるとヒーローになったように心が強められることがあります。他方、周りに同調しようと、沈黙のお面をつけることで、本来の感情を抑えようとすることもあります。

お面の下にある感情

あるとき、大げんかをした小学校高学年のJくんとKくんに出会いました。スクールカウンセラーとして私は、それぞれから別々に話を聞くことにしました。

Jくんは転校して数か月。すっかり学校にも友だち関係にも適応したように周囲には見えました。Ｊくんには前の学校に親友がいました。その友人との別れを経験した後に慣れない土地に引っ越し、新しい学校での生活が始まりました。同級生や教師の雰囲気を感じながら無難に行動すること、仲間はずれにならないために周囲が笑うときに笑いを合わせること、目立たないために自分の意見を控えることを、新しい環境でのサバイバルスキルとして身につけました。自分の本当の表情を見せず、お面をかぶるように過ごしていました。転校後しばらくたってからＪくんは、顔半分を隠せるため風邪用マスクをつけるようになりました。

他方、Ｋくんは、Ｊくんより半年早く転校してきた転校生でした。しかし、新しい学校での数か月を過ごすと、周囲との距離感がつかみづらくなり、本当はやりたくないのに誘いにのる自分の行動に気持ちが追いつかないことが重なり、自分にも周囲にも嫌気がさしていました。このため、Ｊくんが転校してくることを楽しみにしていました。

しかし、Ｊくんにはすぐに友だちができ、それを見ていたＫくんのＪくんに対する盛り上がっていた気持ちは、すぐに疎外感に変わっていきました。そんなときに大げんかが起きたのです。それは、Ｋくんの言ったことをＪくんが冗談で同級生の前で茶化したことがきっかけでした。Ｊくんも、Ｋくんも、それぞれ独自のお面をつけながら、その下に表し難い感情を抱えていたのです。

カウンセラーとして私は、無理してみんなと仲良くしなくていいんだよと伝えようとも考えましたが、それを控えました。なぜなら、この時点での二人にとっては、仮にそのお面が感情を覆うだけのものであったとしても、仲間に属することを選択し、話を合わせて過ごすことで得られる安心感が不可欠であると理解したためです。ただ、また一緒に話をしようと約束をしました。

思いと行動のバランス

子どもは、変化を経験する過程で、葛藤を抱えます。その葛藤と折り合いをつけるために、表し難い感情（＝外から見えない思い）とお面（＝外から見える表情や行動）とのバランスをとろうとするのです。ときには、その感情（＝思い）とお面（＝表情や行動）のバランスが不釣り合いに映ることもあるでしょう。しかし、それを見守るおとなは、子どもが抱える思いには背景があり、外に表れる表情や行動には理由があることを考慮し、尊重しながら寄り添うことが大切なのだと考えます。

Ｊくんと Ｋくんはその後、時間を重ねながら葛藤との折り合いをつけつつ、思いと行動とのバランスが自然なものとなっていきました。そして、ふとしたことをきっかけに、友だちとなっていきました。

変化の中で　③　家族関係

自分にはどうにもならないことは、どうしたらいいの？

家族関係の変化

今回は、家族関係の変化についてとりあげます。家族関係が変化するのは、例えば、きょうだいの誕生、家族の誰かの怪我や療養、死別、親との離別などがあります。これらの変化に伴い、子どもはストレスを抱えます。

ストレスがあることによって、子ども自身の成長が促されることもありますが、他方、ストレスとの折り合いのつけ方がわからないことが、子どもの心身の負担となることもあります。家族内の変化が、どのように子どもに葛藤を与えるのか、それをおとなはどう見守り、寄り添うことができるのかを考えていきたいと思います。

四猿像

京都の尊勝院に「四猿像」があります。「見ざる」「聞かざる」「言わざる」「思わざる」。小さなお堂の奥に、それぞれオス四体とメス四体の計八体が並んでいます。二五センチくらいの小ぶりの猿たちで、オスは青の、メスは赤のちゃんちゃんこを着て、それぞれユニークな表情をしています。なかでもメスの「思わざる」は、お腹をおさえ、目線を下に向けた微妙な表情をしています。それは、表情と心中とが異なり、表情には表れていないけれど、何か心中に抱えているものがありそうな印象を受けます。

「思わない」ということは、可能なのでしょうか。「見ない」「聞かない」「言わない」であれば、物理的に遮断すれば可能ですが、しかし「思う」ということは、自然発生的であり、「思わない」でいようとしてもコントロールすることは困難です。思い出したくないのに忘れることのできないことや、考えたくないのにいつの間にかそれがこころを占めていることがあります。

Lちゃんと妹

ずっと一人っ子で過ごしていた小学校低学年のLちゃんは、もうすぐ妹の生まれてくることを知らされました。Lちゃんは、楽しみに待ち望み、「お姉ちゃん」としていっぱい遊んであげたい、お世話をたくさんしてあげたい、という気持ちが溢れていました。ところが、妹が生まれた後、親の様子も周囲の関心も今までと変化し、それまで自分に注がれていた視線のすべてが妹に奪われた気がしました。いい気持ちがしないLちゃんは、妹の見えない所を選んで一人で遊んだり、妹の泣き声を聞くと「うるさい」と耳をふさいだりしました。周囲から「妹は元気？　名前はなんていうの？」と聞かれても、知らんぷりして答えようとしないこともありました。「見たくない」「聞きたくない」「言いたくない」ということです。

さらに、学校では、夢中でピアノを弾いて、周囲の賞賛を得ようと必死になったり、家では、「お腹がいたい」と親の看病を求めて何度も大声をあげたり、妹よりも自分の存在を周囲に優先するように求める姿が見られました。

そんなLちゃんと、私は二人で会うことになりました。お互いに自己紹介をしたとき、一人っ子を装ったLちゃんは、私と過ごす時間は一人っ子を通して、妹の存在を「思わない」ようにしていました。

しばらく経ったときからLちゃんは、遊びの中で次第に妹の悪口を言うようになり、「妹なんていなきゃいいのに」とつぶやくよ

うになりました。私はそのことばを否定も肯定もせずに、「Lちゃん、妹にイライラするんだね」とだけ伝えると、Lちゃんは、ジィ〜ッと私の顔を見て、「そ、イライラする」とつぶやきました。

それをきっかけに、Lちゃんと私は、そのときどきの気持ちに名前をつけるようにしました。また、どんなときに、イヤな気持ちになるか、一緒に見つけていくことにしました。そうする中で、「思わない」ことから「思う」ことを繰り返していきました。「思う」ことを充分に繰り返したLちゃんは、あるとき、「ねぇ、Lにはどうにもならないこと、どうしたらいいの？」と聞いてきました。私は、その問いがLちゃんにとって、とても大事な思いだと感じました。けれど直接的には答えを出しませんでした。その後、Lちゃんは妹との距離をちぢめ、自分から工夫して楽しく遊ぶ方法を見つけていきました。

子どもの問いに向き合って

子どもの問いにどう向き合ったらいいでしょうか。おとなは、しばしば、子どもの問いに対して、すぐに答えを出そうとする衝動にかられたり、励まそうと子どもより先回りして解決方法を提供したりすることがあります。しかし、すぐに出す答えや解決方法は、そのおとなにとってのものであり、必ずしも子どもにしっくりくるものではないことがあります。

子どもには、出来事を自分自身で抱えていこうとする力があります。ですから、私たちは、子どもが自分のペースで「思う」ことを重ねていけるよう傍らにありつづけ、どうにもならない状況に対しても、子ども独自の気持ちの抱え方が見つけられるように見守っていくことが大切ではないかと思います。

変化の中で　④　おとなの側の揺らぎ

同じです　あなたとわたしの　大切さ

子どもに寄り添うさい、私たち自身の内面も揺らぐときがあります。そのとき、自分の思いに蓋をして、何事もなかったかのように振る舞うことがあります。こうしたおとなの側の揺らぎは、寄り添う子どもにも直接・間接に影響を与えることがあります。第Ⅰ部の最後に、子どもに寄り添う私たちが抱える揺らぎについて取り上げます。

あなたとわたしの大切さ

「同じです　あなたとわたしの　大切さ」。京都の市バスの中で掲示されていた京都市の人権標語です。この標語が興味深いのは、大切と思う力点が、あなたと私にひとしく置かれていることです。私のことが大切であるのと同じく、あなたのことが大切である。逆も然りで、あなたのことが大切であるのと同じく、私のことも大切である、ということです。ここで寄り添う者にとって気に留めるべきことは、特に「私のことも大切である」ことではないかと思います。寄り添う相手のことを優先するあまり、自分のことを後回しにしがちだからです。

子どもに寄り添うとき、寄り添う側のおとなは、状況を俯瞰することが大切です。子どもの気持ちに寄り添いすぎると、子どもの感情に自分の感情も同化し、自分自身がへとへとになってしまいます。反対に、子どもの気持ちに距離をおきすぎると、おとなの側の感情が鈍くなり、共感しづらくなります。このように、寄り添いすぎても、離れすぎても、状況を客観視し、適切な判断をすることが困難となります。

私自身、子どもに寄り添うさい、適切な距離を保つために心がけていることがあります。それは、相手の気持ちと自分の気持ちを分けることです。

相手の気持ちと自分の気持ちを分ける

私がまだセラピストになるための研修生時代のとき、実習先で中学生のMくんとNくんが大げんかをしていました。私は、この二人の仲裁に入りました。最初にMくんの話を聞き、次にNくんの話を聞きました。その後、それぞれの了承を得て、Mくんの気持ちをNくんに、Nくんの気持ちをMくんに伝えました。第三者である私が伝えることで、お互いに相手の言い分を受け取りやすくなると考えたからです。ところが、MくんとNくんの関係は悪化してしまいました。私は、二人の気持ちをもっと理解しようと、さらに時間とエネルギーを割きました。しかし結果、二人はそれぞれ私に「どっちの味方だよ！」と怒りをあらわにしました。私は、驚き、頭が真っ白になりました。

そこで私はベテランのセラピストO先生に相談しました。研修中のセラピストには必ず、セラピスト自身と子どもの安全を守るために、相談相手となる他のセラピストがいます。O先生は私の話を聞き、「あなたは透明人間ではありませんよ。あなたの気持ちを相手に丁寧に見せてはどうですか」と助言してくれました。

それまで私は、Mくんといるときは、Mくんに同調し、Nくんの気持ちに距離をおいていました。反対にNくんといるときは、Nくんに同調し、Mくんの気持ちに距離をおいていました。二人と適切な距離を保てずにいたのです。この結果、二人の関係を修復したいと思いながらも、二人の間を行き来し、困惑し、疲労を重ねていたのです。二人それぞれに同調するあまり、自分の気持ちには気を留めずにいました。

この出来事は私にとって、相手の気持ちと自分の気持ちを混同せずに、境目に気づくことの大切さを意識に刻む体験となりました。

寄り添うということ

私はセラピストとして次のことを心に留めています。自分には相手のすべてを理解することは不可能である。だからこそ、相手の言葉や気持ちと同時に、自分の言葉や気持ちに丁寧に向き合う、ということです。

このためには、相手に寄り添いすぎず、離れすぎず、適切な距離を保ち、状況を客観

視することが必要です。それは相手を大切にすることであると共に、自分自身を大切にする（ときに守る）ことでもあります。自分の思いと相手の思いを同じ土俵にのせないことです。

このことは、「寄り添う」とは真逆の行為のようにも聞こえますが、自分が相手と一緒にグラグラせずに、子どものモヤモヤに寄り添い続けるためには、欠かせないことだと考えます。子どもを背負って走るのではなく、伴走するイメージです。

ある程度、主観的な思いを客観的に見られる準備ができたとき、私たちは相手と真実に向き合う土台を築けます。そのような土台があれば、予期しない変化の中で多少グラつくことがあったとしても、お互いのチカラを活かす方向性を見いだせます。こうしたチカラを私たちはみな賜っているのだと信じています。

第Ⅱ部

子どもと
つながるために
知っておきたいこと

――子どもとのコミュニケーションと寄り添う姿勢

大人にとって子どもは未知の存在です。

子どもと意思を交わし、寄り添うために必要な基本知識と具体的なポイントをまとめました。

一、はじめに

ひとつの寓話があります。ある村に初めて一頭のゾウが来ました。暗闇で六人の村人たちがゾウとはどんな生き物か知らずにそれを触り、手で触れたものがどのような姿のものであるかを表現しました。まずゾウの足を触った人は「これは柱のようです」と答えました。尾を触った人は「ロープのようです」、鼻を触った人は「木の枝のようです」、耳を触った人は「扇のようです」、腹を触った人は「壁のようです」、牙を触った人は「パイプのようです」、と答えました。

六人はそれぞれに自分の意見が正しいことを主張しました。そこにたまたま通りがかった賢者が現れ、ひとつのことを理解するとき、多角的に見つめることが大切だと説いて六人をおさめた、というものです。

この話は、子どもとのコミュニケーションにおいても示唆を与えてくれるものではないでしょうか。子どもとのコミュニケーションでは、様々な視点から「通じ合う」糸口をさがすことが、寄り添う大人（親）の側にとって大切だからです。ここでは、子どもとのコミュニケーションをよりよく培うために気に留めておくこと、また子どもに寄り添う際の基本姿勢について、述べたいと思います。

二、コミュニケーションとは

コミュニケーションとは、何かを媒介としながら人と人とがつながることです。言葉、しぐさ、表情、間合いなどを通じて、親子間、きょうだい間、友人間など、互いに意思や感情を共有することと言えます。

子どもにとってコミュニケーションは、対人関係などの社会性を発達させる上でも、生きていく力を蓄え成長する上でも欠かせないことです。乳幼児は、一歳頃には、親と指差しでやりとりし、片言を発するようになります。二歳頃には親の振る舞いを予想して行動することができるようになります。つまり、乳幼児期には、親との関係の中でのコミュニケーションがとても重要な機会となるのです。さらに、幼児期になると、同年齢の仲間や身近な親以外の大人（先生や友人の親）ともコミュニケーションを重ねるようになっていきます。そして、児童期になると、友人関係を中心とした関わりへと移行していくのです。

コミュニケーションを大まかに分類しますと、①言語コミュニケーション、②非言語コミュニケーション、③メタコミュニケーションの三つが挙げられます。

第一の言語コミュニケーションは、言葉や文字で相手と意思などを交換することです。

第二の非言語コミュニケーションは、言語を媒介とせず、表情や態度、視線などにより、考えや感情を行き交わすことです。例えば、乳幼児が、親と交わすジェスチャーやアイコンタクトによって、その都度、安心や不安を感じ取るのは、非言語コミュニケーションが交わされているからです。

第三のメタコミュニケーションは、互いがかもし出す「場の空気をよむ」コミュニケーションのようなものです。つまり、相手の思いを推しはかった上で対応するやりとりのことです。仮に、張り詰めたような沈黙が漂う場に遭遇したさい、子どもは親の言葉や態度では表現していない場の雰囲気に気づき、自分の発する言動や表情を模索することでしょう。人は知らず知らずのうちに、円滑なコミュニケーションを成り立たせるために、メタコミュニケーションを行っているのです。子ども同士が行う遊びでも、メタコミュニケーションが見られます。例えば、お互いに言葉では一切説明しなくても、すぐに相手の働きかけの意図を読み取り、母親役や父親役などを演じ分ける子どもの「ごっこ遊び」は、メタコミュニケーションそのものと言えます。

以上の三つに分類したコミュニケーションは、場面に応じて、重なり合うことが多いものです。親の語る言葉と共にその表情からも子どもに伝わる思いがあるでしょうし、子どもの語らない言葉をそのジェスチャーや雰囲気から感じ取る親もあるでしょう。言葉や文字、表情や態度、場の雰囲気。これらを読み取ることを重ねながら、私たちは互いに通じ合っていきます。では、子どもと親とのコミュニケーションは、どのように通じ合っていくのでしょう。

三、子どもとのコミュニケーション

子どもの社会とのつながりは、年輪を増すように多層的に広がります。心と身体の成長と共に、様々な枝葉を増していきます。親は、どのようなことを気にかけながら、子どもを見守り、理解し、コミュニケーションを成り立たせることができるのでしょうか。

子どもの目の前で起きている現実について、もし親が、一方的で一時的な思い（願い）によって曖昧な情報を子どもに与えた場合、子どもの中で現実の認識とのズレが生じ、通じ合うことが困難になるでしょう。また、子どもの言語・非言語・メタコミュニケーションの使い分けに意識を向けずに、親自身のコミュニケーションスタイルで接し続けた場合、親子の間に理解のギャップが生じ、思考の共有も感情の交流も起こりにくくなるでしょう。

このため、子どもそれぞれの反応に注意深く関わる必要があります。ただ、子どもの心の成長プロセスには、何らかの法則性のようなものがあるわけではありません。子どものこれまでの歩みや現在の日常生活、身近な人間関係や成長と共に広がる社会（近隣、学校、仲間など）の影響も、気に留めることが必要になります。

また、子どもとのコミュニケーションをよりよく培っていくためには、子どもの個別性を大切にすると共に、子どもの年齢に応じた「社会性」と「遊び」の発達に関わる知識を持ち合わせることが重要です。子どもは、年齢と共に、対人関係を深め、社会性を広げながら、生きていく上での基盤を形成していくからです。また、遊びは、子どもにとってのコミュニケーション・ツールであり、心と身体のバランスを保つ表現方法の一つでもあるからです。

以下では、乳児期から児童期までの発達段階に応じた子どもの社会性や遊びの特徴と共に、親の子どもとのコミュニケーションの工夫について述べたいと思います（子どもの社会性の発達について、より詳しいことは、井上健治・久保ゆかり編『子どもの社会的発達』東京大学出版会、一九九七年、をご参照ください）。

乳幼児期（特に〇～二歳頃）

《子どもの社会性》

乳児期から幼児期にかけては（乳児：〇～一歳、幼児：一～五歳頃）、親と子どもの間に情緒的な絆（愛着＝アタッチメント）が形成されることが重要です。養育してくれる人物との絆が結べることそのものが、その後の子ども自身の安全及び安心感となり、周囲への興味や基本的な信頼を抱く姿勢へと通じます。そして、それを基盤にコミュニケーションをつかさどる言語、認知、感覚、運動能力などを獲得していくのです。その関わりを経ることで好奇心を養い、他児と積極的にコミュニケーションを取り始めることができるのです。

他方、乳幼児期では、まだ物事や他者の気持ちの理解は充分ではありません。つまり、自分の見たこと、感じたこと、体験したことは、同じく他者の見たこと、感じたこと、体験したこととして捉えることがあり、事実に即していない独特な理解をしていることがあります。

《子どもの遊び》

乳幼児期では、一人で楽しんでいた粘土や砂や水を使った感覚遊びから誰かの遊びを見て真似る模倣遊びをし始めます。自分だけでやってみようという意欲が増すと同時に、遊びを通じて周囲への関心や行動範囲を広げ、思いきり自分の意思を主張しつつ、二歳頃に場面によっては抑制することも少しずつ身につけていくことが、この時期の特徴と言えます。

《親のコミュニケーションの工夫》

・「だいじょうぶだよ」「そうなんだね」「だいすきだよ」などの肯定的な言葉がけをする。
・多めにスキンシップをとる。
・子どもが安心できる養育環境をつくる。

幼児期（特に三〜五歳頃）

《子どもの社会性》

幼児期の子どもは、他者への関心が高まり、相手の楽しみ、悲しみなどの気持ちに気づき、共感する場面が多くなっていきます。また、保育園や幼稚園に通うことで家庭以外の世界での大人や子どもとの関わりが増すと、家族以外の特定の他者への興味が広がり、身近な大人の言葉や行動を真似ながら、「なぜだろう、どうしてだろう」と、周囲とコミュニケーションを積極的にとる様子が見られ始めます。この時期、子どもはヒーローに憧れるように、「正しいことをしたい」という思いが芽生え、お手伝いなどで相手が喜ぶことに満足し、自己肯定感を増すこともあるでしょう。

他方、他者への意識が高まり、他者の感情に共感を覚える能力を備え始めますが、他者の視点に立って客観的に物事や状況を判断する能力が充分に備わっているわけではありません。自分の思い（視点）を基準に身の回りで起きていることを判断することがあり、周囲には、その言動が自己中心的に見えることがあります。視覚優位に物事を捉えるのが、この時期の特徴でもあります。

《子どもの遊び》

幼児期は、ごっこ遊び、積み木を電車に見立てるなどの想像・象徴遊び、さらに、玩具や空間を用いてオリジナルの世界を創造的に表現する構造遊びなどが主に行われる年齢です。他者と共に遊ぶことを通じて、想像力や創造力を養うだけではなく、遊び相手の意見を取り入れながらその世界を共有・共感し合う喜びを得ていきます。また、言葉数も増し、しりとりなどの言葉遊びなどを通じて、言語によるコミュニケーション能力が発達していくことが、この時期の特徴と言えます。

《親のコミュニケーションの工夫》

・実際に必要な物などを見せながら、具体的に事柄を説明する。
・子どもに役割を提供し、がんばったことを褒める。
・一緒に遊んだり、一緒に絵本を読んだりする時間を大切にする。

児童期前期（六〜八歳頃）

《子どもの社会性》

児童期前期の子どもは、就学により学校中心の生活になり、社会（対人関係）の広がりと共に仲間との協調行動が増します。従来通りに親や教師の影響力はありますが、同世代の仲間関係からの影響が強まっていく年齢です。自分と気が合いそうな性格や同性であることなどを基準に友人を選ぶことも可能になります。また、柔軟に状況に合わせて、大人の介入がなくても仲間の中で過ごすことも可能になります。

他方、周囲との協調行動が増す一方で、事柄によっては、実際に身近で起きていること（現実）とイメージしていること（空想）とに大きなギャップが生じることがあります。現実認識が未発達な部分があるのが、この時期の特徴でもあります。

《子どもの遊び》

児童期前期には、決まりごとをつくりながら、リーダー格のいるグループや同性同士で遊ぶことが徐々に増していきます。グループ内で葛藤や仲直りを繰り返し、適応力や合理的思考を獲得していきます。ある共通性をもつ仲間とは、しばしば秘密ごとを共有し、約束を守ることから社会的ルールを学習し、親の保護下になくても何かをなしていく自分の可能性を見出していくことが、この時期の特徴と言えます。

《親のコミュニケーションの工夫》

・学校、家庭に応じたルール（決まりごと）を明確に伝える。

・具体的に説明する（いつ、どこで、誰が、何を、どうするか）と同時に、どう理解したかを聞く。
・子ども独自の表現方法を大切にする。

児童期後期（九〜十一歳頃）

《子どもの社会性》

児童期後期の小学校高学年の子どもは、他者の複雑な思いが理解できるようになるため、場の雰囲気を読み取りながら、自分の考えや行動を決めるようになります。同じ関心事をもつ特定の友人と持続的に関わるようになり、誰かに好意を寄せ始める年齢です。他者と一緒であることに安心を得るこの時期、他人の目や友達の考えや行動に影響され、自分が同年代と異なる状況に身を置くことを極端に避ける（隠す）場合もあります。相手との会話で自分の役割を推しはかり、遠慮したり主張したりを繰り返しながら、仲間との関係を築いていきます。こうして自己認識と他者認識が深まっていきます。

他方、他者の行動や感情に対する理解が深まると同時に、「もう小さな子どもじゃない」という自己認識をもつようになります。何らかの不安や不満を抱えることがあるとしても、親にもすぐにはその思いを言語化せず、表面的にわからないように振る舞うこともあります。自己の意味づけが深まり、振る舞い方が多様化しつつも、自己への評価や他者との比較に敏感になるのが、この時期の特徴でもあります。

《子どもの遊び》

児童期後期の遊びは、これまでとは異なり、ある特定のスポーツやダンス、ゲームなどを同世代の仲間と一緒に競ったり、行ったりするために集まり、楽しむこともあれば、個人で趣味や特技の上達を目指し、複雑な作業を習得することに夢中になることもあります。場面に応じて、自分が欲することと、周囲から求められていることを認識しつつ、目指す目標に努力していくことを、主に仲間との関わり合いから学んでいくことが、この時期の特徴と言えます。

《親のコミュニケーションの工夫》

・選択肢を与えながら、自主的に選ぶことを促す。
・相手の語りを否定したり、他者と比較したりせず、充分に耳を傾ける。
・相手の自尊心を大切にする。

以上、発達段階に応じた子どもの社会性や遊びと共に、親のコミュニケーションの工夫について述べました。ここで何らかの困難な状況にある子どもとコミュニケーションをとる場合、大人の側が気に留めるべきことを二つ挙げておきます。一つ目は、その子にとって、以前と比較して、日常のどの部分が変化したのか、また変化せずに保たれている強みは何か、ということを意識し、変化せずに保たれている部分を重視しながら接すること。二つ目は、日常の中で、ＳＯＳが伝えられる存在が身近にいるのかどうかを意識して、子どもが孤立しないことを心がけて接することです。これら二点を気に留めつつ、子どもの現状を理解することは、子どもとの適切なコミュニケーションを成り立たせるために重要となるでしょう。それでは続いて、子どもに寄り添う際の大人（親）の基本姿勢について述べたいと思います。

四、子どもに寄り添う基本姿勢

子どもは成長していく過程で、どうしてこの事態が生じたのかわからない（過去）、どう対応していいのかわからない（現在）、先々が見通せない（未来）、といった不安を抱えることがあります。このようなとき、大人（親）との温かいコミュニケーションは、子どもにとっての支えとなります。それによって子どもが支えられるとき、子どもは、内面の緊張が緩み、現実との折り合いに向けて、もてる力を発揮しやすくなると考えます。以下では、私が子どもに寄り添う際に気にかけている五つの基本姿勢（あいうえお）を紹介します。

〈**あ**いコンタクトをすること〉

（ポイント）

・子どもを正面から見下ろさず、目の高さや身体の向きを合わせる。

・何かやりながら、子どもの話を聞く場合でも、目線は要所ごとに子どもに向ける。

〈**い**っしょにあそぶこと〉

（ポイント）

・子どもの雰囲気を感じ取りながら遊ぶ。

・子どもが決めた遊びの内容を理解し、遊びの中の役割をきちんと担う。

〈**う**なずきながら聴くこと〉

（ポイント）

・相づちを打ちながら聴く（「そうだったんだ」「それで、どうなったの」など）。

・「なぜ、どうして」といった質問で話を中断せずに、まず子どもの話したいことを充分に聴く。

〈**え**がおを向けること〉

（ポイント）

・子どもの「見ててね！」や「見て、見て！」には笑顔を向ける。
・穏やかに、子どもと向き合う（深呼吸をしてから子どもに接する、など）。

〈おなじコトバを使うこと〉
（ポイント）
・子どもの使った言葉を含めて返答する（「もっと遊びたかった」↓「遊びたかったね。何して今日は遊んだの？」、「疲れた〜」↓「疲れたの？　今日は何があった？」など）。
・子どもの「なぜ？」に答える（子どもの普段使う言葉を用いて説明する、など）。
※大人側の意見を伝える場合は、Ｉ（アイ）メッセージで伝える（「わたしは〜と思うよ」「お父さん／お母さんは〜だと聞いているよ」など）。

子どもにとって安らぎを感じる瞬間は、その時点、その場で起きた気持ちや考えを、充分に相手と共有できたと感じるときです。そう感じるとき、相手に尊重され、認めてもらった、受けとめてもらえた、という安心感を得るのです。

五、おわりに

子どもとのコミュニケーションにおいては、様々な視点から「通じ合う」糸口をさがす努力が重要です。

最初に紹介した寓話で、最後に賢者がその場をおさめるさい、こう伝えたと言われています。「あなた方はみな正しいことを語っている。六人の話が食い違っているのは、ゾウの異なる部分を触っているからだ。ゾウは、六人の言う特徴を、すべて備えている」。

子どもにも大人（親）にも、社会とつながるチカラは備わっているからこそ、必ず複数の「通じ合う」可能性が存在する、と言ってよいのではないでしょうか。

第 III 部

対談　点は線になる

小嶋リベカ

平野克己

平野克己《ひらのかつき》

1962年生まれ。国際基督教大学卒業。東京神学大学大学院修士課程修了。日本基督教団阿佐ヶ谷教会、金沢長町教会を経て、現在、代田教会主任牧師。 説教塾全国委員長。2003年、2013年にデューク大学神学部で客員研究員として過ごす。

編著書：
『主の祈り　イエスと歩む旅』『祈りのともしび』『説教を知るキーワード』（以上、日本キリスト教団出版局)、『いまアメリカの説教学は』（キリスト新聞社）など。

訳書：
フレッド・B. クラドック『権威なき者のごとく』（教文館)、S. ハワーワス& W. H. ウィリモン『主の祈り』、W. H. ウィリモン『洗礼』、絵本『ひとつのみやこ ふたりのきょうだい』（以上、日本キリスト教団出版局)、R. リシャー『説教の神学』（共訳、教文館)、バーバラ・ブラウン・テイラー『天の国の種』（共訳、キリスト新聞社）など。

突然の別れ

平野　久しぶりだねえ、元気だった？　お名前はしばしば拝見していたけど、こうしてゆっくりお目にかかるのは、淑《きよし》先生の病室以来かな？〔編集注・小嶋リベカさんの父・左《さ》近《こん》淑氏は日本を代表する旧約聖書学者のひとり。平野牧師が東京神学大学在籍時に親しく教えを受けた。また同じ教会で教会生活を送った〕

小嶋　そんなに、お目にかかっていないんでしたか！　あれは高校三年生の夏でした。

平野　この本の最初にも、まずそのことが記されているね。やっぱり、リベカさんにとって、とっても大きな出来事だったんだね。

小嶋　そうですね。この本を書いてきて、それをもう一度確認した気がします。兄が留学先のアメリカに帰る前日でした。兄の誕生日パーティーをしたんです。いつものように母がシフォンケーキを焼いて、父がそれにクリームでデコレーションして。天ぷらをあげて。そしてその夜、父がくも膜下出血で倒れてしまって……。

平野　ぼくもとてもショックでした。まだ五十九歳でしたものね。

小嶋　実はあの夜のことで、長い間、人に言えなかった出来事があったんです。

夕食を終えて、私と父が後片付けをしていました。洗った食器を父がふきんで拭いて、私が食器棚に戻して、というふうに。そのとき、私が手を滑らせて、とても大切なティーポットを割ってしまったんですね。両親が結婚記念日にいただいた、二つとないティーポットだったのに。

そうしたら父が「形ある物は壊れるんだよ」って。私を慰めてくれました。でも私は、父の言葉を素直に受け取れなくて、私が悪いのに、逆にムスッとしちゃって。そして、そのまま寝ちゃったんです。その夜、父が倒れました。あれが最後の言葉だったんだ、って後から気づいたんですが、でも罪悪感というか、後悔というか、すごくいやで、ずっと家族にも誰にも言えませんでした。

それが、だいぶ経って、兄の連れ合いにポロッて言えたんです。そしたら「ああ、いい言葉ねえ」って言ってくれて。私も、「ああ、いい言葉なんだあ」って。

今は、私にとって、とても大切な、印象的な出来事になっています。父の死ということ、そして最後の言葉ということが、私にとって、ただ「いやなこと」ではなくて、その意味が深まってきている。そのことを今回改めて教えられました。

今は点としか思えないことも

平野　なるほど。そういうご自分の経験が、今の働きに生かされているんですね。でもリベカさんの仕事って本当にたいへんでしょ。以前は、親と死別した子どもたちと共にいる働き、そして今は、病院〔国立がん研究センター中央病院〕で、親が闘病中の子どもたちと共にいる働き。どうして続けてこられたの？

小嶋　んー。そうですねえ……。特に今がそうなんですが、子どもたちと、一回一回完結する出会いを病院で重ねています。そういう私にとって大切なのは、「自分は病院にいる家族や子どもの人生の一部に関わっているけど、その前にも、その後にも長い人生が続いている」という理解だと思っています。

私はもちろん、その子の人生の一端に触れるときに自分にできる精いっぱいをするんだけど、でもちゃんとその後に、この子を支えてくれる人、社会がある。それを信じることが、とても大切だと感じています。もしぶつ切りだと感じたら、もっとやってあげたくなってしまう。病院を離れた後も子どもたちを追いかけていきたくなる。でもそうではなくて。今は点としか思えないことも、いろんな支え手によって点と点がつながって、線になっていく。その点の意味がわかってくる。それを信じているので、死に接してこられたのかなって思います。

平野　点と点がつながる。すてきな言葉だね。そういう所にぼくは、キリスト者としてのリベカさんの信仰を見出すけど、どうだろう。

小嶋　確かにそうかもしれません。……お委ねすることがあります。お看取りの後、送り出すときに、「このご家族がこれからも支え守られますように」って。ご家族は、その時点では時間の波に飲み込まれてしまっているわけですけども、その出来事から一〇年、二〇年と経って振り返ったときに、そこに意味が見出せたり、今ある自分はその点とつながっている、その点がなければ今の自分は意味づけられないと気づく。その点と点がつながって、さらにはそこにいろんな人が関わって面になっていく。そのことを信じています。そこに信仰は大きく影響しているかな。

平野　それはまさに、リベカさんが経験してきたこと、今経験していることなんだよね。ないほうがいいと思う、点もあるじゃない。そういう点は、他の点とつながっていない。でも、時が経って、それがつながっていく。線になる。そのことを信じる。そしてそれをお手伝いする。それがリベカさんの仕事なんだろうね。どういう働きなのか、少し具体的に教えてもらえますか？

モヤモヤを整理する

小嶋　子どもと一緒にいて、子どもが抱えているモヤモヤを整理するというのが、ひとことで言えば、私の仕事だと思います。

平野　モヤモヤっていうのは？

小嶋　この本にも書きましたが、プレイセラピーの勉強をするためにイギリスに留学したとき、一冊の絵本に出会ったんです。*The Huge Bag of Worries* という絵本なんですけど、書店で見つけたときに「モヤモヤ袋」っていうタイトルがパッと頭に浮かんできて。ぜひ日本語に翻訳したいって。

平野 なるほど、worry〔直訳すれば「不安」「心配」〕が「モヤモヤ」なんですね。うまい訳だなあ。

小嶋 この絵本の主人公の子は、色んなモヤモヤの入った大きな袋を抱えていて、もう前に進めなくなってしまっています。そこで、あるおばあさんが、その袋の中のモヤモヤを整理してあげるんです。これは他の人のモヤモヤ、これは優しくすればどっかへ行っちゃうモヤモヤ、これは誰でも持ち歩いている、あってあたりまえのモヤモヤっていうふうに。その子はこれらのモヤモヤをすべて抱えていたんですね。それでおばあさんが、子どもと一緒にモヤモヤをグループ分けして、もう大きな袋はいらないねって。

平野 それがリベカさんの仕事なんだね。モヤモヤが整理できるって、とても面白いけど、具体的にはどうやるの？

小嶋 例えば、ある子が、お母さんの体調が悪くなって入院してしまったのは、自分が悪いことをしたせいだって思い込んでいました。私はそれを聞いて、すぐに否定したいし、「それはあなたのせいじゃない」って言いたいんだけど、でもその子がそう思っているということは変えられない。だから「自分のせいだっていうモヤモヤがあるんだね」というところから始めます。

そして「どうしてそう思ったの？」って聞くと、「だって自分がこういうことを言

でっかいでっかいモヤモヤ袋

作：ヴァージニア・アイアンサイド

絵：フランク・ロジャース

訳：左近リベカ

出版社：そうえん社

（現在品切れ中。図書館等でご覧ください）

ったからママが入院しちゃったんだもん」というふうに捉えていて。それで私から「でもお医者さんに聞いたら、お母さん、お熱が出たから入院したって言ってたけど、それはどうなの？」って聞いていくと、子どもの理解が少し変わっていくんですね。「自分のせいだ」っていうのがちょっと形を変えて、「ママに《がんばってねカード》書く！」というふうになっていく。

子どもの誤解という言い方もできるけど、それも愛情なんですよね。そんなふうに思うほどお母さんが好きなんだよね、というところを大切にしながら、それを違う力に変えていくことができたら、と思っています。

平野　その力を信じて、育てるのが、リベカさんの役目なんだね。

小嶋　病院で、こういう人形〔写真参照〕を子どもと一緒につくったりもします。

平野　あ、面白い手触りだねえ。

小嶋　ゴム風船に小麦粉を入れるだけなので、カラフルでかわいらしいけど安上がりなんです（笑）。小麦粉の代わりに片栗粉を入れると、握るとキュッキュッて鳴く人形もつくれます。何色がいい？　とか、鳴くやつにする？　とか、たずねながら、一緒につくっていきます。

そして、これをモヤモヤに見立てて、しゃべるきっかけにしたりします。机の上に配置しながら、「ここにこういうモヤモヤがあって、あっちにはこういうモヤモヤがあるね。今日は、どっちを触る？　こっちを触ってみる？」とか言って、その子の内にあるモヤモヤを目に見える形にしていくんです。

モヤモヤを抱えて生きられるように

平野　ぼくたち、ともすると、モヤモヤってないのが普通だと思ってしまうじゃない？　だから、あるのはおかしいって。誰かがモヤモヤを持っていると、なくしてあげたくなるし、解決してあげなきゃと思ってしまう。でもリベカさんがやっていることは、そうじゃないんだよね。絵本にも描かれていたけど、モヤモヤをゼロにするんじゃなくて、抱えられる範囲にする。これはとても大切なことだ、と思いました。

小嶋　ほんと、そうなんです。保護者の方々は、モヤモヤをなくしてください、っていう思いで、子どもたちをプレイルームに連れてくるんだけど、それだと、子どもが、しんどすぎるんです。

平野　確かに。子どもの今を、全部否定して始めなくてはいけないものね。

小嶋　ええ。だから、「よく抱えられたね」というところから始めて、「でも結構きつくない？」って。モヤモヤを抱えてきた子どもに寄り添いながら、そしてその子の力を大切にしながら、モヤモヤを少し手放すと、そのエネルギーをもっと楽しいことに使えるよ、というふうに話をしていきます。

平野　子どもが、もともと力を持っている。でも大人はそれを忘れてしまう。だからモヤモヤを取り去ってあげなきゃって思ってしまう。

小嶋　お父さんやお母さんが亡くなるまさにそのとき、子どもたちが立ち会うことがあります。そういうときに子どもが語る言葉は、本当に祈りのようです。「ありがとね」「がんばるからね」「ごめんね」「大好きだよ」。何も飾ることなく、周りで聴いている誰かを気にすることもなく、死んでいく親に向かってまっすぐに語っていく。子どもたちの力をすごく感じます。

平野　リベカさんは、そういう子どもたちの力を肌で感じてきたんだね。

小嶋　そうなんです。先ほど先生もおっしゃったように、私は、元々は親と死別した子どもたちのサポートグループに関わっていました。その子たちは病気で親が亡くなって数年が経っていました。そういう子たちが死別を経験するときにそばに寄り添うことができたらと思って、許されて病院で働くようになりました。病院で接していく中で、「あの子たちは死別の前にも後にもこんな大きな喪失体験をして、グループに来ていたのか」って教えられて、すごく子どもたちの力を感じました。

平野　うん、それはよくわかる。ぼくの教会にも幼稚園があるから。子ども自身が困難を乗り越えていくことができる。その子どもに「寄り添う」ってどういうイメージなの？

小嶋　私がイメージするのは長距離走の伴走者です。子どもたちががんばって走っている、その横を、その子の呼吸に自分の息遣いを合わせながら走っていく。わからない相手をわかろうとして、でもわからないままでいることに耐えながら、一緒に走っていく。わからないと不安になってしまうんですよね。つい、こちらから色々働きかけて、決めつけたくなってしまう。抱えてあげたくなってしまう。そこをこらえて、わからないままで隣にいられる限り、この仕事を続けていきたいと思っています。

平野　すばらしいなあ。そうやってモヤモヤを抱えながら生きられるように、助けるんだね。いつか点が線になっていくことを信じつつ。

ぼくのモヤモヤもぜひ、おねがいします！（笑）

おわりに　身体の傷にはバンソウコウ、心のきずにも？

本書で見てきたように、私がセラピストとして出会う子どもたちは、モヤモヤとした気持ちを抱えています。そうしたモヤモヤした気持ちを、眠れない、食べられない、集中できない、学校に行きたくない、話したくない、といったかたちで表現し、周囲にSOSを求めることがあります。ときには、とてもいい子に見える姿でも、SOSを抱えていることがあります。セラピストである私は、モヤモヤを抱える子どもと、そのモヤモヤに向き合い、現実と折り合いをつけていくプロセスを共にします。本書の終わりにあたり、プレイセラピーにおいて、私と子どもがどのようなことを行っているのかを紹介しつつ、プレイセラピーの目的を再確認したいと思います。

私はセラピストとして、ある時点で、子どもに尋ねる質問があります。その質問とは、「何でもかなう魔法を一回だけ自分のために使えるとしたら、何をしたい？」というものです。なぜなら、その質問に対する子どもの答えに、その子にとって欲していること、あるいはＳＯＳが存在することがあるからです。

心のきずへの対処

普段、身体に傷ができたらバンソウコウを貼って処置します。同じように、心にきずができたときにも、きず口が広がったり、痛みが増したりしないように治療が必要です。身体の傷にも、心のきずにも、治療は必要ですが、治療のステップとして異なることが三つあります。第一は、心のきずは、目に見えないものなので、そのきず口がどこにあるかを探すこと。第二は、きずのできた理由を探り、どんな治療がいいか、治療者だけで決めるのではなく、きずを抱える本人と一緒に考えること。多くの場合、時間をかけて一緒に考えます。第三は、（滅多なことでない限り）バンソウコウできず口を覆い隠さないことです。

数年前に、九歳の少年Wくんに会いました。Wくんは、私が初めて出会ったとき、表情の変化が見られない子どもでした。母親Xさんは、セラピーに来た理由について「問題行動がある。心配だからどうにかしてほしい」とのことでしたが、二人になったときにWくんになぜセラピーに来たと思うか理由をきくと、「わからない」と答えました。それに続けて、「困ったことなんて、ぼく一個もないよ」と話しました。こうしたWくんの言葉からは、心のきず口の有無がわかりません。

そこで私はまず、Wくんと一緒に遊びました。思いきり遊びました。子どもは遊びの中に、自分が感じていること、気になっていること、あるいは夢や願望などを表現することがあります。例えば、「ぼくはこんなことが嫌なんだ」と親に面と向かって言えないことでも、遊びの中なら、人形同士の会話にそれを代弁させて、心の奥にある気持ちを語る子どもが少なくありません。Wくんの場合、はじめの数回の面接では、赤い粘土と白い粘土を混ぜ合わせ、面接が終わる数分前になると、必ずそこに黒い粘土か茶色の粘土を混ぜ合わせて、何とも言えない黒っぽい粘土のかたまりをつくり、その粘土を壁にぶつけていました。こうした行動には、一体どんなメッセージがあるのだろうか。私はそう思いながら、面接が終わってからも、Wくんがつくった黒い粘土を残しておき、次回の面接でも使用可能な状態で置いておくようにしました。Wくんは、自分がつくった大量の黒っぽい粘土がどんどん増えていくことにビックリして、その粘土に再び触ることはありませんでした。ところが、あるときから、それらの黒っぽい粘土の中にしきりに白色や黄色の粘土を混ぜることを繰り返すようになりました。そんな変化が見られ始めたときを選んで、私はWくんにあの質問をしてみました。

「何でもかなう魔法を一回だけ自分のために使えるとしたら、何をしたい？」。Wくんは少し考えて、こう答えました。「家のモヤモヤを減らしたい」。こうして、セラピーの第一のステップである「心のモヤモヤ（きず口）の場所」に気づいたWくんは、第二のステップに移ることになったのです。つまり、きずのできた理由を探り、どんな治療がいいのか、治療者だけで決めるのではなく、きずを抱えるWくんと一緒に考えることを始めたのです。自分の心のきずができた理由を確認する作業は、ときに新たなきずを負う可能性があります。この作業は、心のエネルギーを使って、時間をかけて行います。

Wくんが自分のモヤモヤ（きず口）を見つけられたとき、また、その理由を一つ一つ探りあてたとき、遊びの中にも重要な変化が表れました。例えば、これまでとは異なる新しい色合いの粘土同士を混ぜ、大きな作品づくりを始めたのです。そして、以前つくった黒っぽい粘土が、その作品の一部分として、何度も再利用されました。セラピーの当初は「困ったことなんて、ぼく一個もないよ」とモヤモヤの存在を認めていなかったWくんが、自分のきず口を意識し、会話の中でも語るようになったのです。そのことと、Wくんが黒っぽい粘土（モヤモヤ）に近づき、創作活動にもそれを用い始めたことには、何らかのつながりがあるのではないかと感じられました。

そしてWくんは、第三のステップに移りました。バンソウコウできず口を覆い隠さないことです。実際には、Wくんと一緒に具体的な問題の対処方法を考えたり、誰にモヤモヤ（きず口）を見せるか、または支えてもらえそうかを考えたりしました。こうしてWくんの治療の三つのステップが終わる兆しを感じた私は、Wくんと母親Xさんと相談した後、しばらくしてセラピーを終えました。

身体の傷にはバンソウコウが必要ですが、心のきずには、かえって悪化をまねくことがあります。セラピーでは、きず口をすっかり隠したり、消したりするために、心のエネルギーを使うのではありません。安心できる空間で、子どもと一緒にきず口の場所を探り、それが痛むときの対処方法を探ります。そのプロセスをへることにより、子どもは、きずを抱えた自分とのその後の向き合い方が見つけられるようになります。子どもは、現実と折り合うチカラをもっています。私はそのチカラを信頼し、子どもたちの人生の一端に交じわる出会いを、今後も続けていきたいと思っています。

あとがき

本書は、『季刊　教師の友』（二〇一四年四・五・六月号〜二〇一七年一・二・三月号、日本キリスト教団出版局）で連載された「子どもの心に寄り添って」の一二本の文章に、新たに書き起こした幾つかの文章と平野克己牧師との対談を加えて、まとめたものです。

子どものサポートに携わる仕事をして二〇年間、私は、困難な思いを抱える子どもと接する機会を重ねてきました。その中で、子どものもつチカラを常に感じてきました。困難を抱える子どもは、いっけん、守られるべき弱い存在とか、望みを見いだせない存在などと、受けとめられがちです。しかし、そのような子どもも、子ども自身の内側に、溢れ出てくるチカラをもっています。本書を執筆しながら、そのことを改めて確信しました。これからも、与えられた場において、子どものもつチカラを信じ、自分自身のチカラも養い用いて、子どもと共にあり続けたいと願っています。

本書では、これまで出会ってきた子どもとその家族など多くの方々に、個人が特定されないように配慮した上で登場していただきました。私の知り得る、知り得ない、これらの方々の生きたものがたりに触れさせていただいたことは、私の働きにとって欠かせない気づきにつながっています。

本書の執筆にあたって、励ましと丁寧なコメントをくださった日本キリスト教団出版局の担当の皆さま、また子どもとの出会いの場においてサポートくださった関係者の方々に感謝申し上げます。最後に、母や兄家族、常に働きの理解者であり、原稿の最初の読者であった夫に感謝します。

二〇一八年八月

小嶋リベカ

小嶋《こじま》リベカ

1972年生まれ。
英国ローハンプトン大学大学院プレイセラピーコース修了。
British Association of Play Therapists 認定プレイセラピスト、公認心理師、臨床心理士。
現在、国立がん研究センター中央病院緩和医療科に勤務。
共著：『がんの親をもつ子どもたちをサポートする本』（青海社）など。
訳書：『でっかいでっかいモヤモヤ袋』（そうえん社）、『ぼくができること』（同）。

子どもとつむぐものがたり
プレイセラピーの現場から

2018年11月20日　初版発行
2019年 8月 1日　再版発行

著者　小嶋リベカ

発行　日本キリスト教団出版局
〒169-0051
東京都新宿区西早稲田2-3-18-41
電話・営業03（3204）0422
編集03（3204）0424
http://bp-uccj.jp

印刷　ディグ

ISBN978-4-8184-1016-9　C0016　日キ販
Printed in Japan